Autores _ Jorge Luis Borges
e Osvaldo Ferrari
Título _ Sobre os sonhos
e outros diálogos

Copyright _	Osvaldo Ferrari
Edição© _	Hedra 2009
Tradução© _	John Lionel O'Kuinghttons Rodríguez
Título original _	*En diálogo* (*2 vols.*) Editorial Sudamericana, Buenos Aires: 1985.
Agradecimento _	a Walter Carlos Costa
Corpo editorial _	Adriano Scatolin, Alexandre B. de Souza, Bruno Costa, Caio Gagliardi, Fábio Mantegari, Iuri Pereira, Jorge Sallum, Oliver Tolle, Ricardo Musse, Ricardo Valle

Dados _

Dados Internacionais de Catalogação na Publicação (CIP)

B73 Borges, Jorge Luis (1899–1986)
Sobre os sonhos e outros diálogos. / Jorge Luis
Borges. Tradução de John Lionel
O'Kuinghttons Rodríguez. Prólogo de Osvaldo
Ferrari. – São Paulo: Hedra, 2009. 250 p.

ISBN 978-85-7715-117-2

1. Literatura Argentina. 2. Crítica Literária.
3. História de vida. 4. Leitura. 5. Entrevista.
I. Título. II. Ferrari, Osvaldo. III. Diálogos
entre Jorge Luis Borges e Osvaldo Ferrari.
IV. Rodríguez, Jonh Lionel O'Kuinghttons,
Tradutor.

CDU 860(82)
CDD 868.93

Elaborado por Wanda Lucia Schmidt CRB-8-1922

Direitos reservados em língua
portuguesa somente para o Brasil

EDITORA HEDRA LTDA.

Endereço _	R. Fradique Coutinho, 1139 (subsolo) 05416-011 São Paulo SP Brasil
Telefone/Fax _	+55 11 3097 8304
E-mail _	editora@hedra.com.br
Site _	www.hedra.com.br
	Foi feito o depósito legal.

Autores _ Jorge Luis Borges
e Osvaldo Ferrari
Título _ Sobre os sonhos
e outros diálogos
Organização e tradução _ John O'Kuinghttons
São Paulo _ 2011

- **Jorge Francisco Isidoro Luis Borges Acevedo** (Buenos Aires,
- 1899–Genebra, 1986) é talvez o mais conhecido escritor
latino-americano do século XX. Entre 1914 e 1921 conclui sua
formação na Europa, vivendo em Genebra e na Espanha, onde
toma contato com a vanguarda ultraísta. Embora deva sua fama
principalmente a suas narrativas curtas e ensaios, Borges estreou
como poeta, em 1923, com o livro *Fervor de Buenos Aires*, e
- continuaria publicando livros de poemas por toda a vida.
- Participou do grupo de modernistas argentinos reunidos em torno
da revista *Sur*, dirigida por Victoria Ocampo. Em 1944 publica seu
livro mais apreciado, *Ficções*, que inclui os contos "As ruínas
circulares", "A biblioteca de Babel" e "Funes, o memorioso", e
cinco anos depois viria à luz outro volume de contos de extensa
fortuna, "O Aleph". Sua ficção de matriz fantástica utiliza-se de
- símbolos muito recorrentes como o espelho, o labirinto, o tigre e
temporalidades alternativas. Em 1970 vem ao Brasil receber pelo
livro *O informe de Brodie* o Prêmio de Literatura da Bienal de São
Paulo e realiza duas conferências aos alunos do Curso Madureza do
supletivo Santa Inês. Naquela década também recebe títulos
honoríficos de universidades como Oxford e Columbia, entre várias
outras. Borges perde totalmente a visão em meados dos anos 1950 e
essa circunstância pessoal é em parte responsável por duas
características de sua obra madura, o livro escrito em colaboração e
a obra oral. Ao longo de suas três décadas de cegueira Borges
atinge enorme celebridade e se torna um conferencista muito
prolífico. Essas conferências muitas vezes tornaram-se livros, como
é o caso de *Sete noites* e de *Esse ofício do verso*. A obra oral de
Borges mostra uma faceta muito prolífica em suas entrevistas e
diálogos, quando fala de sua vida de homem civil e de leitor, coisas
que para ele se equivalem, e de suas matrizes literárias, dentre as
quais se destacam a literatura de expressão inglesa e sua afinidade
com as formas épicas. Borges tornou-se no século XX um
paradigma do homem de letras, uma espécie de escritor universal
cuja obra tem uma ressonância que ultrapassa muito sua biografia.
-
-

Osvaldo Ferrari (Buenos Aires, 1948) é poeta e ensaísta, formado em jornalismo e professor universitário. Viveu fora da Argentina por dez anos, no Canadá, Itália, Suíça e Espanha, onde realizou conferências e organizou atividades culturais. Publicou *Poemas de vida* (1974) e *Poemas autobiográficos* (1981). É autor de ensaios publicados em diversas revistas literárias argentinas e estrangeiras. Além de seus diálogos com Borges, manteve conversas transmitidas pelo rádio com Ernesto Sabato, Roberto Juarroz e muitas outras personalidades das letras e da cultura em geral, algumas das quais foram mais tarde publicadas como livro.

Sobre os sonhos e outros diálogos reúne os diálogos entre Jorge Luis Borges e Osvaldo Ferrari originalmente transmitidos pelo rádio, e mais tarde publicados, primeiro no jornal *Tiempo argentino* e depois como livro. Ao todo são noventa diálogos travados em 1984 e 1985. Borges escreve o prólogo aos diálogos e o assina em 12 de outubro de 1985, menos de um ano antes de sua morte. Deste modo, são uma espécie de testamento literário, compreendendo as fixações finais de sua imaginação. Neste volume encontra-se o diálogo intitulado "A ordem e o tempo", dois temas que comparecem prodigamente na ficção de Borges; "Conrad, Melville e o mar", em que Borges observa que há escritores que foram capazes de sentir o mar de uma forma cabal sem nunca tê-lo visto. Também em um deles trata de Henry James e do conflito entre o mundo americano em que nasce e a Europa que deseja e adota; fala também aqui de sua admiração pelo gênero cinematográfico *western* que ele julga ressuscitar a ênfase épica, ou de sua relação com a obra de Dante Alighieri.

John Lionel O'Kuinghttons Rodríguez é escritor chileno, professor e tradutor de espanhol. Formado em Literatura e Linguística pela Universidade Católica do Chile, com mestrado em Linguística Aplicada pela Universidade Católica de São Paulo. Publicou *La Blanca Señora de mi Barrio* (Saraiva, 2000), *Antología Crítica de la Literatura Hispano-Americana* (Letraviva, 2005), *La Acentuación* (Letraviva, 2005), e organizou e traduziu *Arcana Coelestia e Apocalipsis Revelata*, de Swedenborg (Hedra, 2008).

SUMÁRIO

Introdução, por John O'Kuinghttons — 9
Prólogo, por Jorge Luis Borges — 21
Prólogo, por Osvaldo Ferrari — 23

SOBRE OS SONHOS E OUTROS DIÁLOGOS — 27
A identidade dos argentinos — 29
O eterno viajante — 35
A ordem e o tempo — 42
Borges e o público — 49
Como nasce e se faz um texto de Borges — 56
O sul geográfico e íntimo — 63
Conrad, Melville e o mar — 71
Sobre política — 78
Macedonio Fernández e Borges — 86
Borges com Platão e Aristóteles — 94
A arte deveria libertar-se do tempo — 101
Tigres, labirintos, espelhos e armas — 105
"Kafka pode ser parte da memória humana" — 112
O modernismo e Rubén Darío — 120
Borges não crê em uma divindade pessoal — 128
Sobre o amor — 134
Sua amizade com Alfonso Reyes — 141
Oriente, I Ching e budismo — 148
Sobre os sonhos — 156
Sobre Ricardo Güiraldes — 164

Sobre o humor	174
Sobre Henry James	181
Sobre a conjectura	189
Os *westerns*, ou a épica no cinema	196
Lugones, esse homem austero e infeliz	202
Os clássicos aos 85 anos	209
Dante, uma leitura infinita	217
Literatura realista e literatura fantástica	225
Silvina Ocampo, Bioy Casares e Juan R. Wilcock	230
Sobre a história	238

INTRODUÇÃO

Uma das maiores dádivas que nos legaram os gregos foi o diálogo, afirma Borges. Essa conclusão preliminar não é outra coisa que uma benéfica avaliação das conversações que, durante 90 encontros, manteve com o poeta, ensaísta e jornalista argentino Osvaldo Ferrari. Estes diálogos eram transmitidos pela Rádio Municipal e depois das emissões eram publicados no jornal *Tiempo Argentino*. As transmissões eram realizadas na biblioteca da casa de Borges. Os temas dos encontros eram propostos pelo próprio Ferrari. Versavam fundamentalmente sobre literatura e podiam ser ampliados para outros segmentos do conhecimento. Nestes diálogos, Ferrari não demorou em reparar que, ao interagir, Borges parecia elaborar um ensaio. Na sua exposição nota-se que elucubra, que aprova e organiza noções, opiniões, citações, como se preparasse o rascunho de um futuro texto. Ele próprio afirmou que o diálogo lhe parecia uma forma de escrever em voz alta.

Borges tinha fama de tagarela e de não ceder facilmente a palavra a seu interlocutor. Em uma entrevista concedida aos jornalistas R. Pacheco e J.C. Aguilar, do jornal mexicano *La crónica de hoy* no dia 14 de junho de 2006, Ferrari comentou que na sua experiência com o escritor ele não foi assim, e acrescentou que na verdade costumava se estender com naturalidade quando um assunto ou um autor lhe interessavam em particular. Evidentemente, havia temas com os quais Borges não se sentia à vontade. Ferrari conta a seguinte anedota: Borges achava inadequado que os jornalistas o interrogassem sobre questões alheias à matéria literária. Um dia um jornalista lhe perguntou "O que o senhor faria se fosse nomeado Ministro de Economia?" Ao que ele respondeu: "Renunciaria".

BORGES ORAL

Numa audição em que falavam de Dante, Ferrari consultou Borges sobre seu trabalho de ensaísta. Aos 84 anos, o autor pensava que não voltaria a escrever um ensaio, mas que talvez pudesse fazer isso de um modo indireto, como, por exemplo, através do diálogo. Na sua juventude, Borges se imaginava incapaz de falar em público, devido à sua assumida timidez. Conta ele que, certo dia, uma pessoa que lia uma borra de chá lhe prognosticou que ganharia a vida viajando e falando em público. A afirmação lhe pareceu de uma inusitada extravagância, mas no decorrer dos anos confirmou-se, pois algum tempo depois foi convidado pelo *Colegio Libre de Estudios Superiores* para ministrar uma série de palestras sobre literatura. A espera das apresentações foi um tormento. Depois dessa experiência inicial, vieram muitas outras, de modo que com o tempo conseguiu coroar um espaço de comunicação que lhe permitia transferir e compartilhar suas preocupações estéticas e seu amor pela escrita. Para descontrair seu ânimo e o do público, costumava recorrer a algumas brincadeiras de aproximação e, perto do final do encontro, deixava um tempo para que lhe formulassem três perguntas. A timidez diminuía quando pensava na evidência de que não se dirigia a uma multidão, mas a cada um dos indivíduos que compunham essa heterogênea reunião. Um auditório não é mais do que uma abstração, concluía, como também aquilo que chamamos país. Em 1979, durante uma entrevista concedida ao produtor e apresentador do programa *La vida y el canto*, Antonio Carrizo, Borges afirmou:

> eu diria que a sociedade é uma ficção, porque não existe [...], é uma invenção, sim, mas podemos nos libertar dela. Eu, por exemplo, nunca penso em classes sociais, não penso em países. Sei que são abstrações aproveitadas pelos políticos, mas que não existem.

Como professor, Borges advertia a seus alunos que a aula

seria na verdade um jogo. Via-se a si mesmo como um professor questionável, pois não reprovava e não obrigava a ler, já que acreditava que o ato de ler devia ser premeditado e voluntário, e que a imposição de abrir um livro é um caminho seguro para sua abominação. Não gostava de ser doutoral, preferia que a aula fluísse como um colóquio espontâneo, com um número reduzido de participantes para facilitar o intercâmbio de impressões.

Em uma entrevista de 1968, que foi publicada no *Clarín* em 1989, Borges comentou o seguinte: "Eu sei, na verdade me dizem, porque, é claro, eu não posso ver, que minhas aulas têm cada vez mais alunos, e que muitos nem estão inscritos na matéria. De modo que deveríamos supor que querem me ouvir, não é?".

A POÉTICA

Em diversos momentos dos diálogos, Borges deixa transparecer as assentadas convicções de sua fé poética.

Borges foi um escritor que declarou repetidas vezes que não aprovava aquilo que ele chamava "o estilo que dilapida seus recursos". Era um leitor solícito e arguto, que não admitia a metáfora gratuita, as cacofonias verbais nem os entusiasmados arrebatamentos do sentimentalismo. Ao analisar Rubén Darío, por exemplo, celebra alguns de seus achados mais conhecidos e, como testemunham seus numerosos comentários de outras obras e autores, não costumava se aplicar a uma obra inteira, mas a certas partes delimitadas dela. No exame da "Sonatina", que ele não situa entre as melhores realizações de Darío, adverte que bem no início os versos decaem para o mero adorno e para o sentimental. Muito a propósito dessa avaliação, acrescenta que Darío foi o grande mentor de Leopoldo Lugones, a quem Borges qualifica como um homem triste e um censor. Dizia que era inútil propor-lhe temas de conversação. De maneira invariável e pouco cortês, Lugones desqualificava as propostas e relegava o colóquio a um incômodo comércio de sanções. Ao escutar o nome de Baudelaire, por exemplo, sepultou a iniciativa com esta frase definitiva: "não serve". Borges se cansou dessas contínuas censuras e paulatinamente se afastou, até que deixou de ver Lugones por completo. Isso não implicou prejuízo a sua filiação estética. Declarou que, mesmo não sendo um homem de gênio como Darío, Lugones foi um poeta diligente e assertivo, o que não o eximia de eventuais deslizes em versos que não podiam partilhar das preferências poéticas de Borges, como demonstra este curioso binômio:

> Povoou-se de morcegos o torto
> Céu à maneira de chino biombo[1]

Esta censura de Borges é idêntica àquela que emprega para julgar os méritos da "Sonatina".

As economias verbais de sua predileção vão acompanhadas de seu receio de cacofonias. No dia 31 de dezembro de 1921, o escritor mexicano Manuel Maples Arce concebeu um movimento literário que batizou com o desconcertante nome de "estridentismo". O movimento gerou peças destituídas de eufonia, mas não impediu momentos felizes, como esta linha do próprio Maples Arce:

> E em todos os jornais suicidou-se um tísico.[2]

Sua desconfiança pela profusão verbal decorativa e pela gratuidade da forma fazem prever, e depois confirmar, observações contra o estilo de Luis de Góngora. Para ele, não se trata de um autor inatacável, mas não hesita em aplaudir sentenças conceituais que se conciliam com suas próprias preocupações temáticas. Há uma que ele cita em entrevistas e livros e que está contida no soneto "Varia imaginación":

---

[1] Poblose de murciélagos el combo/ Cielo a manera de chinesco biombo.
[2] Y en todos los diarios se ha suicidado un tísico.

> O sonho, autor de representações
> em seu teatro sobre o vento armado,
> sombras soem vestir de vulto belo.[3]

Essa breve asserção compila sua ideia de que no sonho somos o autor, a obra, as personagens e o cenário, uma preocupação que ampliará mais tarde nas páginas do *Livro dos sonhos*, texto dedicado integralmente a reunir menções literárias sobre a matéria onírica. Se a reflexão de Góngora é ponderável, então não é inadmissível que o sonho seja o mais antigo dos gêneros literários. Na etapa de sua vida em que acontecem estes diálogos, Borges afirmava que podia saber quando estava sonhando e que entre seus pesadelos mais recorrentes o assediava o do labirinto, um de seus mais conhecidos símbolos, que se manifestava sob formas tão diversas como podem ser um quarto ou a Biblioteca Nacional. Em uma palestra ministrada em 1980, contou aquele que ele pensava ter sido seu maior pesadelo: sonhou que aos pés da sua cama havia um rei que talvez fosse da Noruega. Sua imagem, e a imagem da espada e do cachorro que o acompanhava, perduraram durante um tempo depois de acordar.

OS SÍMBOLOS E A FORMA DE CRIAR

No encontro número 12, Ferrari interroga Borges sobre esse consagrado panteão de símbolos literários. Trata-se de um catálogo muito pessoal, oriundo de seus afetos, não das necessidades impostas por tal ou qual assentimento estético. De fato, Borges sempre defendeu o poder do escritor de escrever o que quisesse e não a conivência com ideologias ou imposições geográficas. Pensava que a arte deveria se libertar do tempo, para que o artista pudesse edificar a beleza em si e não com uma finalidade funcional. "É muito comum –

---

[3] El sueño, autor de representaciones/ en su teatro sobre el viento armado/ sombras suele vestir de bulto bello.

comenta — que jornalistas me perguntem 'qual é a sua mensagem'?" Sua convicção poética não admite uma moral literária, pois entende que escrever é, ou deveria ser, um ato de felicidade, e não de persuasão ou dissuasão. Seu ofício se limitou sempre à mera fabricação de literatura. Esta fé aparece explícita no prólogo que escreveu para o romance *A invenção de Morel*, de Bioy Casares. Ao falar do esplêndido argumento, recorda que, afinal de contas, o leitor sempre procura uma boa história, o prazer de ler uma boa história. Seu cadastro de símbolos procede da convicção de que a literatura não pode se conduzir por um caminho exclusivamente racional. Defendia que tanto a escrita quanto a leitura deveriam ser, sobretudo, experiências agradáveis. Um poema, comenta, não é escrito por razões nem por procedimentos puramente intelectuais, mas por uma íntima vocação. O caso de Poe, que explicou com minúcias o método de composição de seu poema "The Raven", é para ele uma ironia e não uma declaração ajuizada de disciplina e organização.

Sua forma pessoal de escrever começava com "um tipo de revelação". Afirmava que, no caso dos relatos, ele conhecia o início e o final e que, depois de determinados trechos, resolvia as questões da ambientação e do narrador que convinham em particular. Pensava que a invenção literária é fundamentalmente um "trabalho da memória". Parte desse trabalho é o esquecimento que dizia programar sobre aquilo que já tinha escrito. Comentava que na sua casa não havia livros dele nem sobre ele. Preferia a voluntária desatenção ao que já estava criado para empreender novos e constantes projetos.

Ser escritor demanda uma indagação diária. Borges via a si próprio como um laborioso escritor em permanente atividade imaginativa. Escrever é uma expressão de felicidade, mas isso não inclui necessariamente a ventura de publicar. Em uma ocasião, Borges lembrou que um escritor publica para não passar a vida corrigindo. Sobre isso, em um dos encontros confiou a Ferrari que Macedonio Fernández não desejava publicar porque para ele o ato de escrever não era mais do que um exercício que o ajudava a pensar e a realizar variações sobre um conjunto reduzido de ideias. Resultado dessa convicção foi o abandono metódico de seus papéis cada vez que mudava de pensão. Seus amigos recolhiam o material disperso e o repreendiam por essa atitude. Fernández acabou publicando seus trabalhos, mas não por iniciativa própria.

O entendimento de que um livro não pode ser premeditado por inteiro sem o concurso da emoção o ajuda a concluir que um livro clássico não é um livro escrito de uma maneira especial. Italo Calvino postulou que um clássico é um livro que chega a nós com as marcas de muitas leituras precedentes. Os clássicos gravitam na cultura, de modo que podemos conhecer suas histórias, mesmo sem ter percorrido suas páginas. Chegar a um livro como *Dom Quixote* ou *A Divina Comédia* é de certa forma voltar a lê-lo. Borges propõe que um clássico é um livro lido de uma maneira singular. A prova mais fidedigna, acrescenta, é o *I Ching*, que nem é constituído por palavras, mas por uma série de 64 hexagramas. Esse livro é solicitado e atendido com um respeito anterior, com um silêncio prévio que não é amparado por nenhuma escrita. Um mesmo texto pode se transformar segundo a maneira como ele é lido e o lugar onde se localize. A apreciação de um texto pode ser até oposta conforme figure em um jornal ou em um livro. Dessas premissas, Borges conclui que, apesar dos exemplos que nos fornece a história da literatura, um livro não pode ser escrito com a intenção deliberada de torná-lo um clássico. Para explicar essa afirmação, ensina que existem dois caminhos seguidos pelos escritores clássicos para obter a forma final de uma criação: o primeiro corresponde aos autores que se propuseram edificar uma obra-prima; no segundo estão os escritores que se preocuparam em explorar as diversas possibilidades de um determinado argumento. A vigência de um ou de outro não dependerá da maneira como o livro foi escrito, mas da "curiosidade ou apatia" dos genuínos leitores.

Da mesma forma que a leitura define a permanência ou o eclipse de uma obra, há também elementos que não podem deixar de ser invocados para a inteligência de um texto. Comenta, por exemplo, que a leitura de Shakespeare exige o conhecimento do público para o qual se dirigia seu teatro, sua intenção e, de preferência, a familiaridade com os argumentos que alimentaram peças como *Hamlet* ou *Macbeth*. O mesmo critério se aplica no caso de Homero, perante o qual o leitor não pode se abster da mitologia nem dos heróis circundantes. Essas exigências de ambientação, no entanto, não são válidas para a leitura de um escritor como Franz Kafka. Sendo tcheco, Kafka escreveu em um alemão muito acessível, avalia Borges. O leitor pode chegar a suas fábulas prescindindo sem temor da coorte de circunstâncias que conformam seu contexto. Uma vez que pode ser apreciado sem atender às eventualidades sociais, políticas ou econômicas da sua época, pode-se asseverar que a obra de Franz Kafka pertence à memória humana. Seu nome assentou-se em nossos idiomas na forma de um adjetivo que denota algo absurdo, inadmissível, intolerável. Poderiam se perder todos os exemplares de Kafka, poderiam se incinerar todas as edições do *Quixote*, e as personagens, as tramas, as aventuras permaneceriam incólumes, gravitando indefinidamente na memória dos seres humanos.

BORGES E DEUS

Como Einstein, como Spinoza, Borges não acreditava na existência de uma entidade superior pessoal. Admitia, no entanto, que no indivíduo havia algo interior que procura o bem. Admirava o sistema proposto por Swedenborg, segundo o qual, devido ao predomínio de determinados atributos praticados na vida, a alma decide se prefere sua prolongação no céu ou no inferno. Este último não é um recinto punitivo, mas um espaço no qual aqueles que viveram da desconfiança, do medo ou da perfídia se sentem à vontade. A essa possibilidade de eleição, que pode nos parecer inusitada, Borges acrescenta o critério de Blake, que postulava que, para merecer o céu, não bastava que o candidato fosse probo, mas que também tinha que ser inteligente e artista. (A exaltação da inteligência como índice de recompensa é coerente com uma mentalidade como a de Borges.)

Quando Ferrari comenta que em suas declarações transparece a crença em uma realidade externa ao cotidiano, Borges assinala que não se sente seduzido pela ideia de que esta realidade pudesse ser efetivamente cotidiana, e depois acrescenta: "Não sabemos se o universo pertence ao gênero realista ou ao gênero fantástico", mas reconheceu que, quando lhe advinha a ideia de algum conto ou de um poema, se sentia agradecido a "algo" que lhe proporcionava essa inspiração. Pensava que na chegada da ideia germinal de uma história havia algo de misterioso. A abstenção de uma potestade superior foi correlativa a sua defesa de uma atitude ética perante a vida. Um fato inaugural e tão controvertido da nossa história como a conquista da América não pode ser analisado como bom ou ruim devido à imensa pluralidade de seu alcance. Paralelamente, as guerras costumam ser medidas por sua consequência e não pela ética em que se baseiam. Borges destaca isto em Lugones, que foi um homem opaco, só e amargurado, mas que nunca abdicou de um comportamento ético.

Além de rejeitar um deus pessoal, Borges renega também as superstições. Denunciou que, sendo a Argentina um país muito supersticioso, era comum que, ao atacar esse defeito, seus embates fossem entendidos como meras brincadeiras, o que era uma forma de transformar suas declarações em gestos inócuos, pois o humor torna inofensiva uma agressão. A felicidade, da qual participa o humor, não é o alimento primordial da criação artística. Henry James, por exemplo, deve ter sido um homem infeliz e melancólico, mas isso não tornava sua vocação estéril, muito pelo contrário: pensava que esse estado era oportuno para construir um argumento. A felicidade não precisa ser transmutada em beleza, pois se trata de um fim em si mesmo.

O TEMPO E A LIBERDADE

Não existe nenhum meio que nos permita colher o presente. Podemos sentir o passado e pressentir o futuro, mas o presente escorre, quando acreditamos que podemos tomá-lo ele já se transforma em passado. Foi Santo Agostinho quem supôs que havia um presente do passado, um do futuro e um presente do presente. Borges entende que dessas três projeções, a do passado e a do futuro são modificáveis. O passado é facilmente alterável, pois a memória seleciona, avalia, encurta ou expande. O futuro não é apenas uma extensão da esperança. A possibilidade de mutação não pode afetar o momento que chamamos presente. Dos três tempos, esse presente é o único que não podemos conhecer. A ele terão acesso as gerações futuras, mas não as atuais.

Em relação à ficção, Borges declarava que se sentia mais livre situando seus argumentos em localidades e tempos distantes, em vez de ambientá-los na segunda metade do século XX. Sentia que o contemporâneo o cercava e reprimia. Sendo o escritor dono de criar o que quiser, o chamado compromisso do artista lhe soava como um obstáculo manifesto para a expressão de motivações íntimas. Não poucas vezes sentenciou que o escritor jamais deveria ser medido por suas opiniões políticas. Essa declaração de fé poética condiz, por exemplo, com sua admiração e defesa do historiador Snorri Sturluson, o erudito islandês que foi julgado como traidor em dois países distantes devido a suas imprudências políticas, mas que posteriormente recebeu o reconhecimento e até a veneração por ter recolhido e fixado o extenso material mitológico dos escandinavos. A vindicação que promove Borges de sua figura é a vindicação de si próprio, do dever ético de avaliar um artista pelo que cria e não por suas opiniões e intromissões no poder.

Sobre isso, cabe mencionar que Borges definia a si mesmo como um inofensivo anarquista. Como afirma Ferrari, essa certeza era regida por um imperativo ético e se relacionava com sua convicção em um tipo de governo em que predominasse o indivíduo e não o Estado. O ofício literário lhe parecia suficientemente misterioso para que um escritor fosse julgado por critérios externos como a política, cujo pior declive é a prática dos nacionalismos, que Borges caracteriza como um dos maiores males do século XX. Em 1937, escreveu uma página chamada *Pedagogia do ódio*, um livro infantil ideado para forjar o preconceito e a sanha contra os judeus alemães. Nela denuncia a violência propalada e expõe sua decepção provocada pela confusão entre um germanófilo e um adepto do programa nazista. Ideologias como essa aniquilam o indivíduo e agigantam o Estado. De maneira correlativa a esse julgamento, pensava que o argentino havia desperdiçado a virtude de poder ser indivíduo, de ser imparcial, de ser universal.

SER ARGENTINO

Em diferentes oportunidades Borges declarou que ser argentino era sobretudo um ato de fé, que os argentinos eram argentinos porque haviam decidido sê-lo. A singularidade do país torna seus habitantes europeus no desterro. O fato de usarem um idioma europeu, de lerem livros europeus e de pensarem continuamente na Europa os torna mais próximos daquele continente do que da América propriamente dita. Afirma, por exemplo, que as culturas asteca e inca perduram como meras curiosidades, pois atualmente carecem de influência significativa na cultura. Mais ainda, acreditava que era vantajoso ser um europeu no desterro, pois assim nenhum argentino poderia se sentir atado a nenhuma tradição local em particular. Um norueguês pensa e age como norueguês. Um espanhol se deve à Espanha e um finlandês se deve à Finlândia. Por outro lado, um argentino não está obrigado a nenhuma dessas pátrias, pode pensá-las em seu conjunto, pode sentir a herança do continente completo e acrescentar o legado do Oriente.

Pertencer a um país como a Argentina lhe impunha a aproximação e repetição de determinados assuntos em sua poesia, entre os quais é visível o tema da honra. De maneira mais ampla, pensava que os temas da literatura são na verdade exíguos, uma múltipla e constante variação de poucos assuntos que os diversos povos em suas diversas línguas expandem, delimitam e variam. Além disso, não aceitava a ideia de que houvesse temas mais ou menos poéticos do que outros. Quando lhe questionaram a conveniência de escrever um poema sobre um assunto tão inesperado como sua motivação para iniciar o estudo do anglo-saxão, declarou que na verdade não existia nenhum assunto ou momento que não pudesse ser realmente poético.

Essas e outras disquisições nos são reveladas ao longo dos colóquios mantidos nesta série de encontros que certamente confirmam que, junto à mitologia, à democracia ou ao estudo sereno e físico da natureza, os gregos nos legaram o diálogo, que em Borges se eleva como uma esplêndida extensão da escrita.

PRÓLOGO
por J.L. Borges

Uns quinhentos anos antes da era cristã aconteceu na Magna Grécia a melhor coisa registrada na história universal: a descoberta do diálogo. A fé, a certeza, os dogmas, os anátemas, as preces, as proibições, as ordens, os tabus, as tiranias, as guerras e as glórias assediavam o orbe; alguns gregos contraíram, nunca saberemos como, o singular costume de conversar. Duvidaram, persuadiram, discordaram, mudaram de opinião, adiaram. Quiçá foram ajudados por sua mitologia, que era, como o Shinto, um conjunto de fábulas imprecisas e de cosmogonias variáveis. Essas dispersas conjecturas foram a primeira raiz do que hoje chamamos, não sem pompa, de metafísica. Sem esses poucos gregos conversadores, a cultura ocidental é inconcebível. Remoto no espaço e no tempo, este volume é um eco apagado desses diálogos antigos.

Como todos os meus livros, talvez como todos os livros, este se escreveu sozinho. Ferrari e eu tentamos que nossas palavras fluíssem, através de nós ou, quiçá, apesar de nós. Nunca conversamos em direção a um fim. Aqueles que percorreram este manuscrito nos afirmam que essa experiência é agradável. Espero que nossos leitores não desaprovem esse generoso julgamento. No prólogo de um dos "sonhos", Francisco de Quevedo escreveu: "Que Deus te livre, leitor, de longos prólogos e de epítetos ruins".

12 de outubro de 1985

PRÓLOGO
por Osvaldo Ferrari

EM QUATRO EDIÇÕES anteriores expliquei como aconteceram os diálogos entre Borges e eu. Nesta edição, tentarei refletir o espírito que animou as conversações e determinou seu itinerário.

Em março de 1984, mantivemos o nosso primeiro diálogo público. Ao ouvi-lo pela Rádio Municipal, a rádio que havia sido dirigida memoravelmente por nosso amigo comum Ricardo Constantino, senti que, para mim e para todos os ouvintes, se abria uma porta à imensidão: o extraordinário tom da escrita de Borges, a surpresa e a maravilha constante de sua originalidade confluíam nas suas palavras.

Para se ter uma ideia, naquele primeiro momento eu tive a impressão de participar de uma nova dimensão. O diálogo com Borges era uma incursão na própria literatura, era entrar em contato com o espírito do literário, que tinha se consumado nele até o ponto de constituir o suporte, a chave da sua fascinante inteligência; essa inteligência literária do mundo que descobria e descrevia novamente a realidade.

A leitura preciosa, única, das coisas, que ele fazia com absoluta espontaneidade, havia começado. Todos observaríamos a diversidade com o seu olhar. Aos 84 anos, Borges nos transmitia seu universo.

Os diálogos registravam esse universo a partir de qualquer tema, porque a memória de Borges, sua lucidez e sua concisão verbal se uniam instantaneamente.

Bastava mencionar um escritor ou uma obra de sua preferência para que imediatamente se estendesse sobre o tema propondo uma nova compreensão, uma nova interpretação do escritor e da obra; bastava citar uma filosofia que lhe fosse afim, ou uma religião que lhe interessasse para obter dele uma visão diferente, plenamente pessoal, das duas; bastava lembrar-lhe as viagens que fizera ou os países que conhecera para que desse o registro detalhado das suas impressões e o da literatura desses países.

Dessa maneira, ele, que havia dito que dialogar era uma maneira indireta de escrever, continuava a escrever através dos diálogos. Ao serem transcritas as conversações para sua publicação, ficou claro que Borges, ao conversar, prolongava sua obra escrita. À magia de lê-lo correspondia, então, a magia de ouvi-lo.

Como disse antes, poderíamos desta forma reconhecer o homem, o escritor, o espírito literário. Aqueles que só conheciam sua obra poderiam conhecer agora o autor, a pessoa Borges, e a concepção sob a qual criava, que era uma só com sua pessoa. Pode-se dizer que, para ele, a realidade era a literatura e que ele, mais do que ninguém, poderia nos dar o registro literário da realidade. Também se poderia pensar que, como não reconhecia a literatura realista, mas unicamente a literatura fantástica, a realidade somente lhe era coerente desde sua perspectiva literária. Assim, Borges explica a literatura e a literatura explica Borges.

Desde seu universo, que era um universo literário, se debruçava sobre as questões que eu lhe propunha. E, embora tratasse a filosofia, a mística, a política etc., sempre o fazia a partir do literário, porque ali residia seu gênio e porque pensava que havia nascido para isso e que esse era seu destino.

Falou de escritores que deram sua maior contribuição no diálogo, mais do que na obra escrita, como Pedro Henríquez Ureña, Cansinos Assens ou Macedonio Fernández; mas, no seu caso pessoal, nossos diálogos revelavam que sua conversação tinha o tom da escrita, que sua assombrosa dimensão literária se dava, ao mesmo tempo, na conversa: "O que dizemos está sendo registrado, portanto é oral e escrito ao mesmo tempo: enquanto falamos, estamos escrevendo", dizia.

Sua voz, que tinha a tonalidade de sua inteligência, acrescentava: "Não sei se voltarei a escrever um ensaio na minha vida, possivelmente não, ou o farei de maneira indireta, como estamos fazendo agora nós dois".

E, dessa forma, o diálogo foi o âmbito adequado para que o último Borges se expressasse, para que seu pensamento, de natureza literária – e a essa altura da sua vida, também de natureza mística –, chegasse a todos através da comunicação com um interlocutor cinquenta anos mais jovem que ele.

Nestas conversações, seu humor alternou com diferentes matizes entre o ceticismo e a esperança. O "ri" e o "ambos riem" acontecem entre nós dois com frequência, como se verá durante as conversações.

"Conrad, Melville e o mar", é o nome de uma delas; "Oriente, I Ching e budismo", é o nome de outra; "O Sul geográfico e íntimo", o de uma terceira; "Mitologia escandinava e épica anglo-saxã", "Sobre o Amor", "Sobre a conjectura", são os nomes de outras, que junto às últimas, somam neste volume 45.[1] Nelas gravita o espírito de Borges, o que torna possível um encontro com ele mesmo e com a literatura universal, à qual consagrou sua vida.

Abril de 1998

[1] A edição original publicada pela Editorial Sudamericana divide-se em dois volumes, cada um com 45 entrevistas. [N. do T.]

SOBRE OS SONHOS
E OUTROS DIÁLOGOS

A IDENTIDADE DOS ARGENTINOS

Osvaldo Ferrari — *Faz já algum tempo que me interessa a ideia que o senhor tem expressado sobre a possível identidade dos argentinos, porque, segundo esta ideia, nossa identidade estaria em pleno desenvolvimento. O senhor já disse, sr. Borges, que os argentinos, por termos uma história limitada e provirmos, ao mesmo tempo, de uma história vasta como a europeia, somos uma nova possibilidade de ser. O senhor disse: somos o que quisermos e o que pudermos ser.*

Jorge Luis Borges — Sim, é verdade, creio que o fato de sermos europeus no exílio é uma vantagem, pois não estamos amarrados a nenhuma tradição local, particular. Ou seja, podemos herdar, herdamos de fato todo o Ocidente, e dizer todo o Ocidente é o mesmo que dizer Oriente, já que o que se chama cultura ocidental é, digamos, simplificando as coisas, uma metade Grécia e a outra metade Israel. Ou seja, que também somos orientais, e devemos tentar ser tudo o que pudermos; não estamos atados a uma tradição, recebemos essa vasta herança e temos de tentar enriquecê-la e continuá-la do nosso jeito, naturalmente. Quanto a mim, tenho tentado conhecer tudo o que é possível, mas, como o mundo é de fato infinito, o que um indivíduo pode conhecer é uma partícula. Às vezes eu penso que a literatura é como uma biblioteca infinita. *A Biblioteca de Babel*, em um conto meu; nessa vasta biblioteca, cada indivíduo somente pode ler algumas páginas, mas provavelmente nessas páginas esteja o essencial, talvez a literatura esteja repetindo sempre as mesmas coisas com uma acentuação, com uma modulação levemente diferente. De qualquer forma, eu acho que meu dever de escritor não é descobrir temas novos nem inventar nada; devo repetir, no dialeto do meu país e da minha época, certas poesias que estão sendo sempre repetidas, com pequenas variações que podem ou não ser preciosas.

Compreendo. Agora, não quero deixar de perguntar o seguinte: sobre o senhor, Octavio Paz disse que seu europeísmo é muito americano, o que é uma das maneiras que os hispano-americanos temos de sermos nós mesmos, ou de nos inventarmos. O que o senhor acha disso?

Antes de nada, é uma frase engenhosa, mas também pode ser verdadeira, já que é claro que o nosso destino é mais nosso destino futuro que o nosso destino pretérito, especialmente neste continente. Eu diria a mesma coisa para os americanos do Norte também; bom, o fato é que os idiomas que se falam, e que também são tradições, quais são? O espanhol, o português, o inglês, evidentemente não inventados pelos peles-vermelhas, ou pelos incas, ou pelos índios pampas.

Sim. Paz acrescenta que o nosso europeísmo não significa um desenraizamento ou uma volta ao passado, mas uma tentativa de criar um espaço temporal frente a um espaço sem tempo, e dessa forma ele diz "encarnar".

É uma bela ideia e acho que é uma ideia correta. Eu o sinto dessa forma, ou seja, sinto que sou um europeu no desterro, mas que esse desterro me permite ser europeu de uma maneira mais vasta do que aqueles que nasceram na Europa; porque, de fato, não sei se alguém nasceu na Europa; na verdade, as pessoas nascem na Inglaterra, na Itália, na Espanha, na Noruega, na Islândia, mas Europa é um conceito muito vasto. Por outro lado, nós podemos sentir essas diversas heranças, podemos nos esquecer dos limites políticos, das fronteiras de um país e outro, e devemos tentar merecer esse vasto e riquíssimo continente que de alguma maneira é herdado precisamente porque não nascemos nele, mas em outro.

Realmente é uma possibilidade enriquecedora de ser.

Sim, acredito que sim, e acredito que Emerson pensava da mesma forma: naquilo que escreveu em *The American Scholar* evidentemente não se referia aos peles-vermelhas, mas a toda a tradição do que agora se chama Ocidente.

Houve um movimento literário na América, o Modernismo, que talvez tenha sido o primeiro em que foram reconhecidos os componentes europeus na nossa formação.

Sim, e esse movimento surge, isto é muito significativo, deste lado do Atlântico, não do outro. Ou seja, Darío, Jaimes Freyre, Lugones, foram anteriores aos grandes poetas espanhóis a quem inspiraram do outro lado do mar. Eu me lembro de uma conversa que tive com o grande poeta andaluz Juan Ramón Jiménez; ele me falou da emoção que sentiu quando teve em mãos a primeira edição de *Las montañas de oro* de Leopoldo Lugones. Aquilo data de 1897, dois anos antes de meu nascimento. Ele recebeu esse livro... ficou deslumbrado por esse livro que chegava de uma cidade que conhecia apenas pelo nome: Buenos Aires; bom, e já sabemos o quanto se fez com o modernismo na Espanha, tudo foi renovado; os temas, a métrica, tudo, tudo foi renovado. É claro que à sombra de Hugo e Verlaine. É estranho, os espanhóis estavam mais afastados da França do que nós, por motivos históricos – não preciso insistir neles –, mas o fato é que a poesia francesa recente, a poesia francesa do século XIX, foi-lhes revelada pela América e, especialmente, por Rubén Darío.

Dessa vez, a América renovou a Europa.

Sim. Eu conversei cinco ou seis vezes na minha vida com Leopoldo Lugones, que em realidade era um homem, digamos... triste, de um diálogo difícil; bom... na verdade, o diálogo era impossível com ele, mas eu lembro que cada uma dessa vezes ele desviava o diálogo para falar (ele conservava seu sotaque cordovês) para falar de "meu amigo e mestre Rubén Darío". E, claro, Rubén Darío era um homem muito querido por todos nós, e Lugones era um homem admirado, respeitado, mas não querido, o que deve ter sido muito triste para ele.

Bom, agora, quanto ao senhor em relação a tudo isso, eu acho que, embora sua memória e imaginação transcendam a argentina, e remontem a diferentes latitudes — a história, a mitologia de outros países e raças — o estilo com que o senhor narra seus contos é um estilo particularmente sóbrio, próprio das coisas argentinas.

Sim, eu diria que a diferença, ou uma das diferenças entre o espanhol da Espanha e o espanhol de, digamos, Buenos Aires, ou Montevidéu, é que os espanhóis tendem à interjeição, à exclamação. Nós, por outro lado, falamos, dizemos coisas, explicamos, mas não estamos afirmando ou negando como os espanhóis acostumam fazer. A conversação dos espanhóis é interjetiva. A nossa não, a nossa é uma conversação, digamos, em voz baixa, não aumentada.

Bioy Casares disse uma vez que a simplicidade na maneira de falar dos nossos paisanos, da nossa gente do campo, havia lhe ensinado muito sobre o idioma. Ele havia encontrado...

Eu não sabia disso, mas deve ser verdade, sim. Bom, outra coisa que eu tenho observado no campo é que o camponês neste país (isso não acontece, que eu saiba, em muitos outros) é um homem capaz de ironia, por exemplo, e não sei se isso acontece em outros países, eu diria que não. É facilmente capaz de ironia, e do que em inglês se chama *understatement*, o oposto, digamos, da ironia espanhola.

O subentendido.

Sim, o subentendido.

Em relação a isso, acho importante esclarecer aqui, na Argentina, essa tendência ao universal, que eu diria que existe no espírito argentino.

Bom, em Buenos Aires é natural que exista, já que metade da população é italiana e a outra metade espanhola, e, além disso, este é um país com uma grande vantagem por ser um país de classe média e cosmopolita.

Seria interessante, sr. Borges, que o senhor lembrasse mais alguém que tenha integrado esse movimento tão importante, o Modernismo.

Sim, eu lembraria o grande poeta boliviano Ricardo Jaimes Freyre, que foi professor em Tucumán. Bom, Jaimes Freyre deixou um poema que não quer dizer absolutamente nada, e que não se propõe a dizer absolutamente nada, que para mim é inesquecível. Posso reconstruir o primeiro quarteto assim:

> Peregrina pomba imaginária
> que enalteces os últimos amores,
> alma de luz, de música e de flores,
> peregrina pomba imaginária.[1]

Não diz nada, não sei se sugere alguma coisa, mas é perfeito.

É lindíssimo.

Sim, é muito, muito lindo, o melhor poema dele. E ele escreveu também uma história da versificação espanhola, citada por Lugones, que era amigo dele, no prólogo daquele memorável *Lunario sentimental*, e ali Ricardo Jaimes Freyre mostra que o verso octossílabo, aparentemente tão natural, vacila e escorrega nos primeiros romances, e mostra como isso foi uma novidade quase escandalosa para os literatos espanhóis, para Cristóbal Castillejo, por exemplo. O hendecassílabo, no entanto, agora parece natural, agora flui e todo mundo sente que flui. A não ser... tenho a impressão de que estamos perdendo o ouvido, de que agora não se

---

[1] Peregrina paloma imaginaria/ que enardeces los últimos amores,/ alma de luz, de música y de flores,/ peregrina paloma imaginaria.

ouve nenhum verso, nem o octossílabo dos arredores, o das coplas.

Respondo que sim e não, há uma leve perda de ouvido, mas não é total.

Bom, você está me dando uma boa notícia (*ambos riem*).

Temos que nos despedir, sr. Borges, até a próxima semana.

Bom, mas me agrada que o senhor tenha me dado a oportunidade de lembrar Ricardo Jaimes Freyre, tão injustamente esquecido, como o senhor pode comprovar nestes quatro versos incomparáveis dele.

Injustamente esquecido.

O ETERNO VIAJANTE

Osvaldo Ferrari — *Gostaria que me explicasse, sr. Borges (e acho que o mesmo deve acontecer com nossos ouvintes), diante desta sua segunda viagem para o Japão, que inclui Itália e Grécia, o que é que determina essa excelente predisposição sua para as viagens, que, pelo jeito, parece ter aumentado nos últimos anos.*

Jorge Luis Borges — Um motivo seria a cegueira, o fato de sentir os países, embora não os veja. Além disso, se eu fico em Buenos Aires, minha vida é... pobre, tenho que estar continuamente fabulando, ditando. Por outro lado, se eu viajo, recebo novas impressões, e tudo isso, com o tempo, se torna literatura — o que não sei se é uma vantagem; mas eu tento seguir... aceitando e agradecendo as coisas. Creio que se eu fosse realmente um poeta — evidentemente não sou — sentiria cada instante da vida como poético. Ou seja, é um erro supor que existem, por exemplo, temas poéticos ou momentos poéticos; todos os temas podem sê-lo. Isso já foi demonstrado por Whitman, e, do seu jeito, também por Gómez de La Serna; o fato de ver o cotidiano como poético. Há uma frase que diz... sim: "*reality stranger than fiction*": a realidade é mais estranha que a ficção. E Chesterton o comenta de maneira aguda e justa, acredito; ele diz: "porque a ficção somos nós que fazemos; por outro lado, a realidade é muito mais estranha porque é feita por outro, o Outro: Deus". Ou seja, a realidade tem que ser mais estranha. E por falar em "outro", me lembro que na primeira parte da *Divina comédia*..., claro, a primeira parte é o "Inferno", ali não é permitido o nome de Deus, então o chamam de Outro. "Como o Outro quis", diz Ulisses, por exemplo, porque o nome de Deus não pode ser pronunciado no Inferno. E então Dante inventou esse belo sinônimo: o Outro. Que também é terrível, não é? Porque significa... bom, que estamos muito longe do outro, que não somos o Outro. Por isso, na *Divina comédia*, o nome de Deus aparece... bom, já pôde aparecer no "Purgatório" porque ali estão no fogo que os... purifica, e no "Céu", é claro, mas no "Inferno" não — diz-se Outro — e costuma ser impresso com um "o" maiúsculo para que não haja dúvida nenhuma.

Sim, agora, voltando a essa viagem em particular, que finalidades, ou que bons pretextos ela tem para ser realizada?

Bom... um dos bons pretextos é esse generoso, imerecido doutorado *honoris causa* que vou receber na Universidade de Palermo, na Sicília. Ou seja, vou conhecer o sul da Itália. Eu conheço o admirável norte, conheço Roma... claro que posso dizer, como todos os ocidentais, "*civis romanus sum*", sou um cidadão romano, pois todos o somos: nascemos no desterro, um pouco fora de mão. Mas agora vou conhecer o sul, a Magna Grécia. Pode-se dizer que o Ocidente começou a pensar na Magna Grécia. Ou seja, parte na Ásia Menor, e no sul da Itália. Que estranho que a filosofia começasse, digamos, na periferia da Grécia, não é? Bom, ali os homens começaram a pensar, e nós tentamos continuar pensando depois. Enfim, esse excelente costume começou na Magna Grécia. E depois, bom, o sul da Itália significa outros grandes nomes. Significa Vico, por exemplo, tão citado por Joyce por sua teoria dos ciclos da história. E talvez aquele que melhor já escreveu sobre estética: Croce, do sul da Itália também. E o Marino também, o máximo poeta barroco, que foi mestre de Góngora. Bom, há tantas lembranças do sul da Itália. Mas eu gostaria de conhecer o sul da Itália, e até agora não o fiz, como tantas outras coisas, já que se considerarmos, não digo a vastidão do universo, mas sim a vastidão do planeta, aquilo que um homem pode ver é muito pouco. Quando as pessoas me dizem que eu tenho lido muito, às vezes eu acho que não. Se imaginarmos... bom, todas as bibliotecas do mundo ou uma biblioteca só, por exemplo, a Biblioteca Nacional da rua México. E o que foi que já lemos? Algumas páginas. Daquilo que está escrito, a gente leu umas quantas páginas, mais nada, e do mundo, temos umas quantas visões. Mas caberia pensar que nessas estão as outras, ou seja, que platonicamente já vimos todas as coisas, e que lemos todos os livros. Até os livros escritos em idiomas desconhecidos. É por isso que se diz que todos os livros são um livro só. Muitas vezes penso que os temas da literatura... bom, são escassos, e que cada geração procura pequenas variações, cada geração reescreve no dialeto da sua época o que já foi escrito. E que há pequenas diferenças, mas essas pequenas diferenças são muito, muito importantes, como é lógico, pelo menos para nós. Bom, eu vou receber esse distinto doutorado em Palermo, na Itália, e depois outro não menos distinto por uma universidade grega: a Universidade de Creta. Eu já conheço Creta, mas nunca pensei receber um doutorado cretense, o que me aproxima de alguma forma... bom, não preciso que me aproxime... do labirinto (*ri*). Além disso, acredito que Domenico Theotokopoulos, El Greco, também era cretense, não é?

Bom, e depois tenho que assistir a um congresso no Japão, e em junho creio que vou receber um doutorado... de uma das mais antigas universidades do mundo, e, claro, uma das mais famosas: a Universidade de Cambridge. E eu já sou doutor *honoris causa* de Oxford, a outra universidade rival. Ou seja, serei doutor nessas duas universidades famosas.

Se nos lembrarmos, veremos que na Europa as primeiras universidades foram as italianas. A primeira foi a de Bolonha, eu acho, depois vieram as da Inglaterra, depois as da França, e me parece que, por último, as da Alemanha, Heidelberg.

Agora, na Itália, parecem estar particularmente interessados em sua obra, já faz tempo.

Sim... o fato de eles gostarem muito poderia indicar que não a leram (*ri*), mas acredito que apesar de a terem lido me apreciam, não é? O que não deixa de me impressionar um pouco. Sim, a Itália tem sido muito generosa comigo. Bom, o mundo tem sido muito generoso comigo. Eu acho que não tenho inimigos pessoais, por exemplo, e, além disso, quando a gente chega aos 84 anos, a gente é, de alguma forma, póstumo, e pode ser querido sem risco, não é? Sem incômodo, possivelmente seja uma das formas da velhice.

Os japoneses também parecem sentir certa curiosa predileção por expressões típicas do nosso país, como a música, por exemplo.

Sim, pelo tango. Quando eu lhes disse que o tango estava quase esquecido em Buenos Aires, que se ouvia muito mais rock, ficaram um pouco escandalizados, embora também gostem do rock, é claro. A mente japonesa é muito hospitaleira, você vê como eles exercem admiravelmente a cultura ocidental sem renunciarem à sua cultura oriental. E acredito que, por exemplo, nos Estados Unidos, na Inglaterra, na Alemanha, estejam alarmados com os progressos da indústria no Japão. Eles fazem tudo melhor, e, também, com um senso estético. Por exemplo, um gravador japonês, um telescópio japonês, uma máquina de barbear japonesa, são mais leves e mais elegantes, isso sem falar das máquinas fotográficas e também dos carros. E parece que também fazem melhor os computadores.

Mas também há outros interesses. Por exemplo, Adolfo Bioy Casares me presenteou com um livro japonês, uma bela edição. Trata-se dos Cuentos breves y extraordinarios *escritos pelo senhor e por ele em 1967, que foram publicados no Japão em 1976.*

Não sabia, não tinha nenhuma informação. Sim, nós compilamos esse livro mais ou menos naquela data, mas minhas datas são muito vagas. Na verdade, estou perdendo a memória, mas guardo o melhor, que não são minhas experiências pessoais, mas os livros que eu li. Minha memória está cheia de versos em muitas línguas, eu nunca tentei aprender um poema de memória, mas aqueles dos quais gostava ficaram, e aí estão. Então eu poderia lhe dizer versos em muitos idiomas, sem excluir o inglês antigo, o anglo-saxão, por exemplo.

E acho que também muitos versos latinos, mas não sei se sei dividi-los bem, talvez me engane na quantidade de sílabas, mas eu me lembro do que li mais que do que vivi. Mas é claro que uma das coisas mais importantes que podem acontecer a um homem é ter lido essa ou aquela página que o comoveu, uma experiência muito intensa, não menos intensa que outras. Embora Montaigne tenha dito que a leitura é um prazer lânguido. Mas eu acho que estava errado, no meu caso, a leitura não é lânguida, é intensa. Suponho que no caso dele também, porque se você ler os ensaios de Montaigne, as páginas estão cheias de citações latinas, às quais agora tiveram que acrescentar a tradução, porque o latim, infelizmente, é uma língua morta. Por outro lado, antes era o idioma mais comum da Europa culta. Um bisavô meu, o doutor Haslam, não podia pagar Oxford ou Cambridge, então ele foi à Universidade de Heidelberg, na Alemanha. E depois de cinco anos voltou com seu título de doutor em Filosofia e Letras, sem uma palavra de alemão. Havia feito todos os exames em latim. Um latim muito britânico, sem dúvida, não é? Mas suficiente para esse exames. Atualmente, não acredito que se encontre um professor capaz de aplicar esses exames; naquele tempo sim. Bom, um amigo meu, Néstor Ibarra, me disse que na casa dele era obrigatório usar o latim durante o almoço e o jantar. Toda a conversa tinha que ser em latim, acho que está bem.

Isso em Buenos Aires.

Em Buenos Aires, sim. E creio que Montaigne tinha um orientador alemão que lhe ensinou não o alemão, que era uma língua bárbara nessa época, mas o latim e o grego. Acostumou-se ao uso familiar desses idiomas.

Agora eu gostaria de perguntar: o senhor sabe que há escritores que dizem que as viagens lhes provocam uma grande distorção, algo assim como uma desconcentração, como uma violenta irrupção em suas vidas e em sua escrita, que depois é difícil recompor.

Isso não acontece comigo. Eu volto, digamos, enriquecido com as minhas viagens, não empobrecido, e menos distorcido.

Incidem positivamente.

O senhor talvez pense que sou tão caótico que não posso me "desordenar" muito (*ambos riem*). Começo sendo uma desordem, ou seja, um caos. Que coisa, essa palavra "cosmética" deriva de "cosmos". O "cosmos" é a grande ordem do mundo, e a cosmética a pequena ordem que uma pessoa impõe em sua cara. É a mesma raiz, "cosmos": ordem.

Então, existiria uma possibilidade cósmica ou ordenada nessas viagens suas.

Esperemos que sim, seria muito triste viajar em vão. De qualquer forma, é tão lindo... especialmente acordar. A gente tem... quando a gente acorda, não sabe muito bem onde está, mas se quando acordar você pensar: estou em Nara, a antiga capital do Japão, muito perto se encontra a grande imagem de Buda... isso é muito agradável, ainda que eu não possa ver a imagem, por razões óbvias. No entanto, o fato é poder dizer isso em um lugar assim, que para mim é um lugar romântico, cheio de sugestões; bom, como é o Japão para mim. Eu conheço os dois extremos do Oriente: conheço o Egito e conheço o Japão, mas gostaria de conhecer, e espero conhecer algum dia, queria conhecer especialmente a China e a Índia, e gostaria de conhecer a Pérsia também, mas isso é mais difícil... o Irã, agora..., mas eu gostaria de conhecer o mundo inteiro.

Mas deve fazê-lo. Bom, vamos continuar a nossa conversa sobre esta viagem sua, ainda que tenhamos que nos despedir, mas continuaremos a conversar sobre isso.

Espero que sim, dentro de uma semana conversaremos.

A ORDEM E O TEMPO

OSVALDO FERRARI – *Sr. Borges, depois de ter colocado a pedra fundamental, depois de ter fundado, como o senhor disse, o nosso ciclo de audições, circulamos agora, irreversivelmente, por estas misteriosas ondas radiofônicas. O que o senhor opina sobre isso?*

JORGE LUIS BORGES – O diálogo é um dos melhores hábitos do homem, inventado, como quase todas as coisas, pelos gregos. Ou seja, os gregos começaram a conversar, e continuamos desde então.

Agora, nesta semana, percebi que se o senhor se propôs, através das letras, ou se as letras se propuseram através do senhor, um vasto conhecimento do mundo, eu embarquei em um conhecimento não menos vasto ao tratar de conhecer Borges para que todos o conheçam melhor.

Bom, "conhece-te a ti próprio", etc. etc. sim, como disse Sócrates, contra Pitágoras, que se orgulhava de suas viagens. Por isso Sócrates disse: "Conhece-te a ti próprio", ou seja, é a ideia da viagem interior, não do simples turismo, que eu também pratico, é claro. Não se deve menosprezar a geografia, talvez não seja menos importante que a psicologia.

Provavelmente. Uma das impressões que a gente tem ao conhecer a sua obra e ao conhecê-lo, sr. Borges, é a de que existe uma ordem à qual o senhor guarda rigorosa fidelidade.

Eu gostaria de saber qual é (*ri*).

Bom, é uma ordem que preside, naturalmente, sua escrita e seus atos.

Meus atos, não sei. Na verdade, eu tenho agido de uma maneira tão irresponsável... Pode-se dizer que o que eu escrevo não é menos irresponsável, mas eu tento que não seja assim, não é? Além disso, tenho a impressão de viver... quase de qualquer maneira. Mas eu tento ser um homem ético, sim. Mas minha vida é bastante casual, e tento fazer com que minha escrita não seja casual, ou seja, tento... bem, que haja algo de cosmos, ainda que seja essencialmente o caos. Como pode acontecer com o universo, claro: não sabemos se é um cosmos ou se é um caos. Mas muitas coisas indicam que é um cosmos: temos as diversas idades do homem, os hábitos das estrelas, o crescimento das plantas, as estações, as diversas gerações também. Portanto, alguma ordem existe, mas uma ordem... com bastante pudor, bastante secreta, sim.

Seguramente. Mas, para identificá-lo de alguma maneira, essa ordem sua se parece, eu acho, com o que Mallea descreveu como um sentido severo, ou "uma exaltação severa da vida", própria do homem argentino.

Bom, quem dera fosse própria do homem argentino.

Diríamos, do arquétipo do homem argentino.

Melhor do arquétipo, não é? Porque quanto aos indivíduos, não sei se vale a pena pensar muito nisso. Embora nosso dever é tentar ser esse arquétipo.

Não é mesmo?

Sim, porque... foi predicado por Mallea porque ele, assim como se fala da "Igreja invisível", ele falou do "argentino invisível", da mesma maneira que se fala da Igreja invisível. O argentino invisível seria, bem, os justos. E, também, os que pensam justamente, mais além dos cargos oficiais.

Certa vez o senhor me disse que na mesma época de Mallea, ou talvez antes, o senhor havia pensado também neste "sentido severo da vida", nesta exaltação.

Sim, talvez seja o sangue protestante que eu tenho, não é? Acredito que nos países protestantes é mais forte a ética. Por outro lado, nos países católicos entende-se que os pecados não importam; você se confessa, é absolvido, volta a cometer o mesmo pecado. Acredito que há um sentido ético mais forte nos países protestantes. Mas talvez a Ética seja uma ciência que desapareceu no mundo inteiro. Não importa, teremos que inventá-la de novo.

Mas a ética dos protestantes parece ter a ver com questões, por exemplo, econômicas, e de tipo...
Sexuais.
Sexuais, embora não ultimamente.
Não, ultimamente não, caramba (*ri*), eu diria que ao contrário, não é?

Eu sinto que sua fidelidade a essa ordem pessoal — não diria a um método, mas a um ritmo, às vezes a uma eficaz monotonia — vem da sua infância e se mantém vigente até hoje inclusive.
Bom, eu tento que seja assim. Eu tenho muita dificuldade para escrever, sou um escritor muito rígido, mas precisamente é isso que me ajuda, uma vez que cada página minha, por mais descuidada que pareça, pressupõe muitos rascunhos.

É justamente disso que eu falo, dessa rigidez, de...
No outro dia estive lhe ditando algo e o senhor deve ter reparado em quanto me demoro em cada verbo, cada adjetivo, cada palavra. E, além disso, no ritmo, na cadência, que para mim é o essencial da poesia.

Nesse caso, o senhor sim se lembra do leitor.
Sim, acho que sim (*ri*).

Bom, então eu — repito — vejo essa ordem em seus poemas, seus contos, em sua conversação.
Bom, muito obrigado.

Hoje eu gostaria de falar com o senhor sobre aquilo que me parece ser sua maior preocupação: o tempo. O senhor já disse que a palavra eternidade é inconcebível.

É uma ambição do homem, eu acho: a ideia de viver fora do tempo. Mas não sei se é possível, embora eu tenha me sentido duas vezes fora do tempo na minha vida. Mas pode ter sido uma ilusão minha: duas vezes na minha longa vida me senti fora do tempo, ou seja, eterno. É claro que não sei quanto durou essa experiência porque estava fora do tempo. Também não posso comunicá-la, foi algo muito lindo.

Sim, a eternidade não é concebível; assim como, talvez, falamos do infinito, mas que não é concebível por nós, embora sim possamos falar do imenso...

Bom, quanto ao infinito, digamos, o que assinalou Kant: não podemos imaginar que o tempo seja infinito, e muito menos podemos imaginar que o tempo começou em algum momento, porque se imaginarmos um segundo no qual o tempo começa, bom, esse segundo pressupõe um segundo anterior, e assim infinitamente. Agora, no caso do budismo, supõe-se que cada vida está determinada pelo carma tecido pela alma em sua vida anterior. Mas com isso nos vemos obrigados a acreditar num tempo infinito, uma vez que se cada vida pressupõe uma vida anterior, essa vida anterior pressupõe outra vida anterior, e assim infinitamente. Ou seja, não haveria uma primeira vida, nem haveria um primeiro instante de tempo.

Nesse caso, haveria uma possível forma de eternidade.

Não, de eternidade não: de infinita prolongação do tempo. Não, porque acredito que a eternidade seja outra coisa; a eternidade – eu escrevi sobre isso em um conto que se chama "O Aleph" – é a, bem... a muito aventurada hipótese de que existe um instante, e que nesse instante convergem todo o passado, todos os nossos ontens como disse Shakespeare, todo o presente e todo o porvir. Mas isso era um atributo divino.

O que se chamou de a tríade temporal.

Sim, a tríade temporal.

Agora, o que vejo é que essa familiaridade, às vezes angustiante, com o tempo, ou com a preocupação com o tempo que o senhor tem, me fez sentir que nesses momentos em que o senhor fala de tempo, o tempo parece se corporificar, parece tomar forma corpórea, parece ser percebido como um ente corporal.

E, de qualquer forma, o tempo é mais real do que nós. Agora, também se poderia dizer — e eu disse muitas vezes — que a nossa substância é o tempo, que somos feitos de tempo. Porque poderíamos não ser feitos de carne e osso: por exemplo, quando sonhamos, nosso corpo físico não importa, o que interessa é a nossa memória e as imaginações que elaboramos com essa memória. E isso é evidentemente temporal e não espacial.

Sim. Agora observe: Murena dizia que o escritor devia se tornar anacrônico, ou seja, contra o tempo.

É uma esplêndida ideia, não é? Quase todos os escritores tentam ser contemporâneos, tentam ser modernos. Mas isso é supérfluo, já que, de fato, eu estou imerso neste século, nas preocupações deste século, e não há motivo para que eu tente ser contemporâneo porque o sou, não há motivo para que eu tente ser cego, porque, bom, desafortunadamente, ou talvez afortunadamente, o sou... Murena tinha razão.

É interessante porque ele não diz metacrônico, ou além do tempo, mas anacrônico: contra o tempo. Talvez seja a diferença, infiro, do jornalista ou do cronista da história.

Adolfo Bioy Casares e eu fundamos uma revista que durou — não quero exagerar — três números, que se chamava *Destiempo*. E a ideia era essa, não é?

Coincide, sim.

Nós não conhecíamos isso que disse Murena, mas coincidimos com ele. Se chamava *Destiempo*, a revista, e é claro, isso possibilitou uma brincadeira previsível, inevitável: um amigo meu, Néstor Ibarra, disse: *"Destiempo...* na verdade contratempo" (*ambos riem*), se referindo ao conteúdo da revista *Contretemps.*

Murena se referia ao tempo do artista ou ao do escritor como o tempo eterno da alma, contrapondo ao que ele chamava: "O tempo caído da história".

Sim, talvez um dos nossos maiores erros, dos maiores pecados do nosso século, é a importância que damos à história. Isso não acontecia em outras épocas. Por outro lado, a gente parece que hoje vive em função da história. Por exemplo, na França, onde, claro... os franceses são muito inteligentes, muito lúcidos, gostam muito dos quadros sinóticos..., bom, o escritor escreve em função de seu tempo, e se define, digamos, como um homem de tradição católica, nascido na Bretanha, e que depois escreve sobre Renan e contra Renan, por exemplo. O escritor está fazendo sua obra para a história, em função da história. Mas na Inglaterra não, isso fica por conta dos historiadores da literatura. Bom, claro, como disse Novalis: "Cada inglês é uma ilha", ou seja, cada inglês está isolado — exatamente na etimologia de "ilha" — e então escreve mais em função da sua imaginação, ou de suas lembranças, ou do que for. E não pensa na futura classificação nos manuais da história da literatura.

Mas tudo coincide com o que o senhor disse: Murena afirmava que a servidão dos homens ao tempo nunca foi pior do que neste momento da história, do que nesta época.

Sim, bom... um dos que afirmaram que a nossa época é, antes de tudo, histórica foi Spengler. Em *A decadência do Ocidente*, ele dizia que a nossa época é histórica. As pessoas se propõem a escrever em função da história. Com sua obra, quase prevê — um escritor quase prevê — o lugar que ocupará nos manuais da história da literatura de seu país.

E que lugar ocuparia em uma época assim, historicizada, e dependente do tempo...

Mas o fato é que eu também estou historicizado, sem dúvida: estou falando da história desta época.

Sim, mas que lugar ocuparia a arte e a literatura em uma época assim?

A arte e a literatura... teriam que tentar se liberar do tempo. Muitas vezes me disseram que a arte depende da política, ou da história. Não, eu acredito que isso é totalmente falso.

Claro.

Bom, Whistler, o famoso pintor norte-americano, assistia a uma reunião em que se discutiam as condições da obra de arte. Por exemplo: a influência biológica, a influência do ambiente, da história contemporânea. Então Whistler disse: "*Art happens*", a arte acontece, a arte ocorre, ou seja, a arte... é um pequeno milagre.

Verdadeiramente.

Que de alguma maneira escapa a essa causalidade organizada da história. Sim, a arte acontece — ou não acontece; isso também não depende do artista.

Apesar do que foi dito, nós não podemos nos libertar do tempo, porque a conversa deve ser concluída.

Tudo bem, mas a recomeçaremos na próxima semana.

Sim. Cada vez é mais agradável fazê-la.

Muito obrigado.

Obrigado ao senhor, Borges.

BORGES E O PÚBLICO

Osvaldo Ferrari – *Uma das surpresas que acredito o senhor teve em relação ao seu destino, sr. Borges, foi quando, na década de 1940, alguém lhe profetizou que o senhor falaria como conferencista: que daria conferências.*

Jorge Luis Borges – Não, não foi assim. Adélia Grondona me levou a um clube de senhoras, de senhoritas inglesas, e ali havia uma senhora que lia as borras do chá. E então ela me disse que eu ia viajar muito, e que ia ganhar dinheiro falando. Eu achei uma extravagância, e quando voltei para casa contei para minha mãe. Eu nunca havia falado em público na minha vida, era muito tímido, e a ideia de que ganharia dinheiro viajando e falando me parecia mais do que inverossímil, impossível. Bom, no entanto, eu tinha um pequeno cargo de primeiro auxiliar – antes fui segundo auxiliar – em uma biblioteca de Almagro sul. Chegou ao governo aquele que sabemos, me fizeram uma brincadeira: fui nomeado inspetor para a venda de aves de curral e de ovos nos supermercados – era uma indireta para que eu me demitisse. Então, eu, claro, me demiti, pois não sei absolutamente nada de aves de curral e de ovos.

Essa nomeação se tornou um erro histórico.

Sim, bom, eu achei engraçado, é claro. E me lembro do alívio quando, às duas da tarde, saí para caminhar pela praça San Martín, e pensei: não estou nessa biblioteca – não muito querida – do bairro Almagro. E me perguntei "o que vai acontecer agora?". Bem, o fato é que fui chamado pelo Colegio Libre de Estudios Superiores, e me propuseram dar conferências. Eu nunca tinha falado em público, mas aceitei porque me disseram que teria que ser no ano seguinte, e tinha dois meses para respirar, que na verdade foram dois meses de pânico. Eu lembro que estava em Montevidéu, no hotel Cervantes, e às vezes acordava às três da manhã, e pensava: daqui a trinta e tantos dias – eu fazia a conta – terei que falar em público. E então já não dormia, via o amanhecer pela janela; enfim, não podia dormir, eu estava apavorado.

Sua timidez o acompanhava.

Sim, me acompanhava, sim (*ambos riem*). Tudo isso aconteceu até a véspera da primeira conferência. Eu morava em Adrogué naquela ocasião, estava em uma das plataformas de Constitución, e pensei: "Bom, amanhã, a esta hora tudo terá acabado; o mais provável é que eu fique mudo, que não consiga pronunciar uma palavra; também pode acontecer que fale em voz tão baixa e tão confusa que não se escute nada – o que é uma vantagem" – (pois eu levava a conferência escrita). Claro, eu pensava que não seria capaz de dizer nada. Bom, esse dia chegou, fui almoçar na casa de uma amiga, Sara D. de Moreno Hueyo, e lhe perguntei se eu parecia nervoso. Ela disse: não, mais ou menos como sempre. Eu não mencionei nada da conferência. Essa tarde dei a primeira conferência no Colegio Libre de Estudios Superiores, na rua Santa Fé. Essas conferências trataram sobre o que foi chamado "Literatura Clássica Norte-Americana". Eram conferências sobre Hawthorne, sobre Melville, Poe, Emerson, Thoreau, e, creio, sobre Emily Dickinson. E depois vieram conferências sobre os místicos.

Nesse mesmo lugar.

Sim, e uma conferência sobre o budismo. Depois, me pediram mais conferências sobre o budismo, e com as anotações que fiz para essas conferências, Alicia Jurado e eu compusemos um livro. Esse livro sobre o budismo foi imprevisível, desconcertantemente traduzido para o japonês, onde conhecem o tema muito melhor que eu – uma das duas religiões oficiais no Japão é o budismo, a outra é o shinto. O fato de eles terem duas religiões oficiais é testemunho da tolerância desse país, não é? Depois conheci o interior do nosso país, que eu não conhecia; também dei várias conferências em Montevidéu; e depois percorri o continente e os continentes dando conferências. E agora cheguei, distraidamente, aos 85 anos; a qualquer momento farei 86; bom, reparei que todo mundo sentiu o que eu senti antes: que eu não sei dar conferências; então eu prefiro o diálogo, que para mim é muito mais divertido, não sei se para os outros também. Sim, porque as pessoas podem participar. Há pouco tempo houve dois atos: um deles durou uma hora e vinte e um minutos, e o outro, mais de duas horas de perguntas e respostas. Ou seja, compreendi que o interrogatório, que o catecismo, é a melhor forma. E, além disso, é como um jogo, porque se inicia com solenidade e timidez, e depois todo mundo entra no jogo e é difícil concluir. Então, sempre uso o mesmo truque, que é propor três perguntas finais; depois, três são poucas, e como me ensinaram no Japão que o quatro é de mal agouro, geralmente são cinco: cinco últimas perguntas e cinco últimas respostas. No final tudo se faz entre brincadeiras, ou seja, o que começou como algo um pouco forçado e solene, no final é um jogo de gente apressada, e, bom, eu me sinto muito feliz, faço piadas. Eu compreendi aquilo que dizia George Moore: *"Better a bad joke than no joke"*: melhor uma piada ruim do que nenhuma piada, não é? Sempre respondo em tom de brincadeira, e como as pessoas são muito indulgentes comigo, as pessoas são indulgentes, bom, com um idoso cego (*ri*), e acham graça nessas brincadeiras, que são realmente muito tolas. Mas talvez em uma brincadeira as palavras não interessem tanto, mas sim o ânimo com que são ditas: como minha cara é uma cara sorridente... as brincadeiras são bem aceitas. Então, eu tenho falado em muitas partes do mundo, e... na França cheguei a fazê-lo em francês, em um francês incorreto, mas fluido. E nos Estados Unidos dei quatro quadrimestres sobre literatura argentina na Universidade do Texas, na de Harvard, na de Michigan, e na de Bloomington, Indiana, além de outras dispersas por aqui e ali. E o fiz em inglês, com incorreção e soltura.

O senhor nunca pensou que a conferência seria um gênero para o senhor, e que, além disso, a transformaria em um diálogo múltiplo, diferente da conferência, e também não pensou no humor como um gênero pessoal.

Não, nunca, nunca pensei nisso, sempre fui uma pessoa muito séria. Mas, não sei, o destino é algo que nos acontece, não é? Não tem nada a ver com a forma que quisemos dar-lhe.

São os gêneros que vieram buscá-lo.

Sim, é verdade. Agora lembro daquela frase de Whistler, quando se falava, bom, sobre o meio-ambiente, sobre a influência ideológica, sobre o estado da sociedade, e Whistler disse: *"Art happens"*: a arte acontece. A arte é algo imprevisível.

Sim, e também é paradoxal que o maior dos tímidos acabasse falando perante centenas de pessoas em diferentes lugares, como aconteceu ultimamente.

Sim, há alguns meses eu falei perante... me disseram que eram mil, mas possivelmente foram 999 pessoas, não é? *(ambos riem)*, ou simplesmente novecentas, já que, ao final de contas, a cifra mil impressiona. Mas, não, uma vez que não há motivo para que mil pessoas de boa vontade sejam temíveis. Além disso, eu, para me dar valor, inventei uma espécie de argumento metafísico: a multidão é uma entidade fictícia, o que realmente existe é cada indivíduo.

É verdade.

O fato de somá-los, bom, podemos somá-los, também podemos somar pessoas que se sucedem, que não são contemporâneas, então eu penso: não estou falando perante trezentas pessoas, estou falando para cada uma dessas trezentas pessoas. Ou seja, realmente somos dois, uma vez que o restante é fictício. Agora, não sei se logicamente isso está correto, mas me ajudou e continua a me ajudar em cada conferência ou em cada diálogo com muitos. Então, eu penso: o que eu digo é ouvido por uma só pessoa, o fato de essa pessoa não ser a mesma e ter, digamos, trezentas pessoas ou trinta pessoas que me escutam ao mesmo tempo não importa: eu falo com cada uma delas, não com a soma. E por outro lado, se eu falasse com a soma seria mais fácil — há um livro sobre a psicologia das multidões e parece que as multidões são mais simples do que os indivíduos. Eu comprovei isso no cinema ou no teatro: uma piada que a gente não se atreveria a fazer para um interlocutor é aceita por uma sala, e faz rir.

É verdade.

Sim, então, as multidões são mais simples. E os políticos sabem tão bem isso, que aproveitam o fato de não estarem falando para um indivíduo, mas para uma multidão de indivíduos, bom, simplificados, digamos, além do fato de que basta usar os estímulos mais elementares ou mais desajeitados porque funcionam.

Então o senhor preferiu o diálogo dos gregos à oratória dos romanos.

Exatamente, sim.

Essa foi a transição da conferência para o diálogo.

O diálogo dos gregos, sim. Mas é claro que os gregos também eram oradores.

Naturalmente.

Demóstenes, enfim. Mas acho melhor, e agora me acostumei... especialmente para mim é um jogo. E se alguém pensa que é um jogo, então aquilo é de fato um jogo, e o resto sente que é um jogo também. Além disso, no começo eu advirto: bom, isto vai ser um jogo, espero que seja um jogo tão divertido para vocês quanto para mim, comecemos a jogar, não tem a menor importância. E isso também acontece nas aulas. Eu tento ser o menos pedagógico possível, o menos doutoral possível quando dou uma aula. Por isso, as melhores aulas são os seminários. O ideal seriam cinco ou seis estudantes e um par de horas. Durante um ano eu dei um curso de literatura inglesa na Universidad Católica. Bom, as pessoas tinham uma ótima disposição, porque eu não podia fazer nada com noventa pessoas e quarenta minutos. É impossível; enquanto chegam e vão embora já se passaram os quarenta minutos. Aquilo durou um par de quadrimestres, e depois desisti porque me convenci de que essa tarefa era inútil.

O especial seria que nisso que o senhor chama de jogo...

Bom, eu espero que esse jogo que inaugurei, digamos, pois não o inventei...

Foi precedido em mais de dois mil anos.

Sim, e também precedido por, bom, pelos interrogatórios, pela inquisição, enfim, há lembranças bastante tristes. Mas eu tento fazer com que tudo seja uma brincadeira; o único modo de ver as coisas seriamente.

É claro.

Sim.

Mas talvez esse jogo do diálogo possa nos aproximar da verdade.

Pode nos aproximar da verdade, e espero que seja imitado também. Porque um dos motivos pelo qual insinuei e finalmente impus esse jogo é a timidez, pois é muito fácil responder a uma pergunta pois cada pergunta é um estímulo. Agora, o difícil é conseguir que sejam perguntas, porque quando as pessoas sabem que haverá respostas, preparam, na verdade, discursos que podem durar até dez minutos, e aos quais não há nada para responder.

Sim, porque há muitas ideias juntas neles.

Sim, muitas ideias ou...

Ou nenhuma ideia.

Sim, portanto, eu peço perguntas concretas e prometo respostas concretas. Mas de fato é muito difícil conseguir que as pessoas perguntem alguma coisa, porque em realidade preferem aparecer, ou, enfim, entediar os outros — o que é o mesmo — com longos discursos preparados.

Em lugar de favorecer o diálogo.

Sim.

Bom, sr. Borges, nós continuaremos a jogar, continuaremos a dialogar, de qualquer forma, sempre na busca da possível verdade.

Certamente.

COMO NASCE E SE FAZ UM TEXTO DE BORGES

OSVALDO FERRARI — *Eu tenho a impressão, sr. Borges, de que já começamos a nos habituar à companhia silenciosa dos ouvintes e que estamos menos nervosos agora do que quando gravamos a primeira conversa. O que o senhor acha?*

JORGE LUIS BORGES — Já faz tanto tempo, mas é verdade.

Sim, faz algumas semanas. Agora, é curioso, a timidez — embora muitas vezes vencida ao longo do tempo — parece ser uma constante, algo inevitável na vida de quem escreve.

Cada conferência que eu dou é a primeira; quando estou em público, sinto o mesmo temor que senti na primeira vez, faz já tantos anos. Sou um veterano do pânico, digamos, aperfeiçoando o sentido, mas me dou conta de que isso não importa: eu já sei que sou tímido, já sei que estou apavorado, mas não importa.

Hoje eu gostaria que falássemos de algo que muita gente quer saber: como se produz no senhor o processo da escrita, ou seja, como começa no seu interior um poema, um conto. E, a partir do momento em que se iniciam, como continua o processo, a confecção, digamos, daquele poema ou daquele conto.

Começa por uma espécie de revelação. Mas eu uso essa palavra de uma maneira modesta, não ambiciosa. Ou seja, de repente eu sei que algo vai acontecer e que isso que vai acontecer pode ser, no caso de um conto, o princípio e o fim. No caso de um poema, não: é uma ideia mais geral, e às vezes tem sido a primeira linha. Ou seja, algo me é dado, e depois intervenho, talvez estrague tudo (*ri*). No caso de um conto, por exemplo, eu conheço o princípio, o ponto de partida, conheço o fim, conheço a meta. Mas depois tenho que descobrir, através dos meus muito limitados meios, o que acontece entre o começo e o final. E depois há outros problemas a resolver, por exemplo, se é conveniente que o fato seja contado em primeira pessoa ou em terceira pessoa. Depois, tenho que procurar a época; agora, quanto a mim — isso é uma solução pessoal minha — acho que o mais cômodo é a última década do século XIX. Escolho — se for um conto portenho — escolho lugares dos arrabaldes, digamos, de Palermo, digamos de Barracas, de Turdera. E a data, digamos 1899, o ano de meu nascimento, por exemplo. Porque, quem pode saber exatamente como falava aquela gente morta? Ninguém. Ou seja, eu posso proceder com comodidade. Por outro lado, se um escritor escolhe um tema contemporâneo, então o leitor se torna um inspetor e resolve: "Não, nesse bairro não se falava assim, as pessoas de tal classe não usariam essa ou aquela expressão".

O escritor prevê tudo isso e se sente travado. Por outro lado, eu escolho uma época um pouco distante, um lugar um pouco afastado; e isso me dá liberdade, e então já posso... fantasiar... ou falsificar, inclusive. Posso mentir sem que ninguém repare, e, sobretudo, sem que eu próprio me dê conta, uma vez que é necessário que o escritor que escreve uma fábula — por mais fantástica que seja — acredite, por esse momento, na realidade da fábula.

Sim. Agora, quero lhe dizer que sempre senti predileção, e ao mesmo tempo curiosidade, por um conto seu: "Everything and Nothing", que fala...

Eu não sei se realmente é um conto. Mas sim, é claro, possui um caráter narrativo. Viria a ser... sim, é um relato fantástico.

O senhor o escolheu para sua "Antologia pessoal".

Sim, mas não sei se o escolhi como conto ou como poema em prosa. Ou seja, as classificações não são importantes.

Parece um poema em prosa.

Bom, sim. Croce dizia que as classificações são... bom, que não são essenciais. Por exemplo, dizer que um livro é um romance, ou dizer que um livro é uma epopeia, é exatamente como dizer que é um livro encadernado de vermelho, que está na prateleira mais alta, à esquerda. Simplesmente isso, que cada livro é único, e sua classificação fica por conta da crítica, ou é uma mera comodidade da crítica, mas só isso.

O texto de seu conto "Everything and Nothing" se refere à vida de um ator. Se o senhor concordar, gostaria de ler fragmentos do conto para comentarmos.

Sim, eu lembro, sim.

Começa assim: "Ninguém existiu nele; atrás de seu rosto (que inclusive através das pinturas ruins da época não se parece com nenhum outro) e de suas palavras, que eram copiosas, fantásticas e agitadas, não havia nada mais do que um pouco de frio, um sonho não sonhado por alguém".[1]

Claro, estou falando de Shakespeare, evidentemente.

O leitor demora para notar isso, mas aos poucos vai ficando mais evidente.

Eu acho que no final fica evidente.

No final se torna evidente.

Além disso, há o nome dele.

Sim, no final.

Mas, muito antes se adivinha pelos detalhes, sim.

Depois diz: "No começo acreditou que todas as pessoas eram como ele, mas o assombro de um companheiro com

---

[1] Nadie hubo en él; detrás de su rostro (que aun a través de las malas pinturas de la época no se parece a ningún otro) y de sus palabras, que eran copiosas, fantásticas y agitadas, no había más que un poco de frío, un sueño no soñado por alguien.

quem havia começado a comentar essa vacuidade, lhe revelou seu erro e lhe fez sentir, para sempre, que um indivíduo não deve diferir de espécie".[2]

Sim, "da espécie", eu acho, não é?

No entanto, no conto aparece – neste texto, nesta edição – "de espécie", mas claro...

Talvez seja um erro, deve haver outros. Talvez o conto inteiro seja um erro (*ambos riem*), o que é mais grave, enfim. Se somente houvesse uma página errada, já seria muito, deveria agradecer ao tipógrafo, sim.

Esse temor ou esse horror que pode chegar a sentir um indivíduo é particular: diferir da espécie. Gostaria de perguntar de onde provém essa ideia, porque é a primeira que me parece realmente excepcional dentro do conto.

Não, mas acredito que é uma ideia comum pensar que o normal é o mérito, não é? Especialmente, bom, Andrew Lang dizia que todos somos geniais até os sete anos. Ou seja, todas as crianças são geniais. Mas depois, quando a criança tenta se parecer com os outros, procura a mediocridade, e a consegue em quase todos os casos. Eu acredito que isso é verdade.

Sim, depois diz: "As tarefas histriônicas lhe ensinaram uma felicidade singular, talvez a primeira que conheceu: mas aclamado o último verso e retirado da cena o último morto[3]*..."*

Bom, "retirado da cena" porque não havia cortinas, tinham que retirar o morto da cena. O teatro isabelino, sim.

---

[2] Al principio creyó que todas las personas eran como él, pero la extrañeza de un compañero con el que había empezado a comentar esa vacuidad, le reveló su error y le dejó sentir, para siempre, que un individuo no debe diferir de especie.

[3] Las tareas histriónicas le enseñaron una felicidad singular, acaso la primera que conoció; pero aclamado el último verso y retirado de la escena el último muerto.

"... *o odiado sabor da irrealidade recaía sobre ele. Deixava de ser Ferrex ou Tamerlan e voltava a ser ninguém.*"[4]

Aí, "ninguém" é Shakespeare, evidentemente. Ferrex e Porrex no drama inglês, bom, e Tamerlan, o de Marlowe, é claro.

"*Ninguém foi tantos homens como aquele homem, que, à semelhança do egípcio Proteu, pôde esgotar todas as aparências do ser.*"[5]

Eu acho correta essa evocação de Proteu, porque, sendo um conto fantástico, por que não ser fantástico ao mudar de forma, não é? O egípcio Proteu, sim.

Sim. Mas, de alguma forma me parece a história de todos os atores e de todos os autores de teatro.

Ah, bom, eu não havia pensado nisso. Eu pensava em Shakespeare, e no fato de que, para nós — e talvez para ele próprio — certamente, Macbeth ou Hamlet, ou as três parcas são mais vívidas que ele.

Sim. "*Vinte anos persistiu nessa alucinação dirigida, mas uma manhã foi vencido pelo cansaço e pelo horror de ser tantos reis que morrem pela espada, e tantos infelizes amantes que convergem, divergem e melodiosamente agonizam.*"[6]

Bom, eu me refiro aos argumentos da tragédia naquela época, é claro.

Acredito que seja um dos melhores parágrafos. Continua a dizer: "Aquele mesmo dia resolveu a venda de seu teatro".[7] Ou seja, deixou de ser ator e depois se comenta que, no final da

---

[4] el odiado sabor de la irrealidad recaía sobre él. Dejaba de ser Ferrex o Tamerlan y volvía a ser nadie.

[5] Nadie fue tantos hombres como aquel hombre, que a semejanza del egipcio Proteo pudo agotar todas/ las apariencias del ser.

[6] Veinte años persistió en esa alucinación dirigida, pero una mañana lo sobrecogieron el hastío y el horror de ser tantos reyes que mueren por la espada y tantos desdichados amantes que convergen, divergen y melodiosamente agonizan.

[7] Aquel mismo día resolvió la venta de su teatro.

sua vida, costumavam visitar seu retiro amigos de Londres, e ele retomava para eles o papel de poeta.

Sim, enquanto isso, ele era um senhor dedicado ao litígio, a emprestar dinheiro, a cobrar altos juros, que era o mais cotidiano que se pode ser.

Sim. Mas no final, diz: "A voz de Deus lhe respondeu desde um turbilhão".[8]

Sim, bom: esse turbilhão é o turbilhão dos últimos capítulos do Livro de Jó, no qual Deus fala desde um turbilhão.

Desde um turbilhão: "Eu também não sou: eu sonhei o mundo como tu sonhaste tua obra, meu Shakespeare, e entre as formas de meu sonho estavas tu, que, como eu, és muitos e ninguém".[9]

É terrível aquela ideia de que Deus também não sabe que Ele é, mas acho que literariamente pode-se aceitar.

É terrível, mas o conto fecha circularmente com essa ideia.

Sim, é um belo conto realmente, embora tenha sido escrito por mim.

Além do mais, o senhor o escolheu antes para sua antologia e me parece que é uma das coisas feitas para acompanhá-lo sempre.

Sim, digamos que é a última página que eu escrevi, não é? Mas talvez haja mais uma ou duas páginas, por exemplo, "Borges e eu", que de alguma maneira se parece com estas páginas.

É verdade.

Não, mas esta me parece melhor.

Não melhor, mas eu diria equivalente.

---

[8]La voz de Dios le contestó desde un torbellino.

[9]Yo tampoco soy; yo soñé el mundo como tú soñaste tu obra, mi Shakespeare, y entre las formas de mi sueño estabas tú, que como yo eres muchos y nadie.

Bom, mas me parece que quando Deus diz: "Meu Shakespeare" pode-se sentir a emoção, não é?

Sim. Além disso, o conto é escrito em pouco mais de uma página: é extremamente sintético. Bom, o senhor cultivou, eu diria, essa síntese na narração.

Não, o que acontece é que sou muito preguiçoso, não poderia escrever mais. Fico cansado muito rápido e isso se chama concisão (*ambos riem*), mas realmente me cansa.

Bom, tomara que sempre se produza esse tipo de "concisão".

Bom, então, continuarei me cansando para vocês. Muito obrigado, Ferrari.

O SUL GEOGRÁFICO E ÍNTIMO

Osvaldo Ferrari – *Sr. Borges, eu gostaria de conseguir que alguns temas que o senhor já tratou antes nos revelem novos aspectos, que permitam não somente recriá-los, mas também dar-lhes novamente vigência, pois me parecem fundamentais. Hoje gostaria que falássemos do Sul, que tantas vezes aparece na sua obra e em seu pensamento. Eu acredito que não se trata de uma concepção literária, mas ontológica, talvez, uma maneira de nos conhecermos ao conhecer o Sul.*

Jorge Luis Borges – Bom, o Sul pode ser entendido de diversos modos. A gente pode pensar na planície, não é? E esse é um modo. E isso está em um conto meu: "O sul", que pode ser lido de diversas maneiras. Eu estava lendo Henry James, que escreveu contos deliberadamente ambíguos. Sim, por exemplo, *A volta do parafuso* pode ser lido de vários modos. Eu pensei "vou imitar Henry James, mas, digamos, com um fundo completamente diferente". Então escrevi esse conto, "O sul", que pode ser lido, que eu saiba, de três diferentes formas. Essas três diferentes formas seriam: podemos ler esse conto como um fato real; bom, todos os fatos são reais, mas, enfim, pode ser lido tal como está contado, essa seria uma leitura possível. Depois, podemos supor que a segunda parte do conto é uma alucinação, ou é um sonho da personagem quando está sofrendo a ação da anestesia. E depois também podemos supor, e eu acho que a segunda interpretação me agrada mais, que o conto inteiro é uma espécie de fábula. Bom, contrariando o que disse Oscar Wilde, que disse "*Each man kills what he loves*" (cada pessoa mata o que ama). Acredito que, inversamente, caberia dizer que cada pessoa é morta pelo que ama, ou seja, que só podem nos matar fisicamente, ou nos ferir, mas nada mais. Por outro lado, se a gente ama uma pessoa e essa pessoa falha, então a gente sente. Então, aí poderíamos supor que o protagonista ama o Sul, que quase nem conhece. Quando chega no Sul, o Sul o mata, e isso está indicado por várias passagens do conto. Mas eu acredito que essa explicação é um pouco rebuscada, e que é melhor supor que na primeira parte do conto acontece o que chamamos realidade, ou seja, o acidente, a operação. E que o resto corresponde à morte que ele teria gostado de ter. Nesse caso, esse conto seria autobiográfico, pois, bom, meu avô se suicidou após a capitulação de Mitre, em La Verde, em 1874. E eu, em algum momento, poderia ter almejado uma morte assim, uma morte de homem de ação. Eu não tenho sido um homem de ação... e também não aspiro a sê-lo. Então, teríamos esse sentimento de Sul. Agora, existe outro, que se refere ao Barrio Sur de Buenos Aires, uma vez que o resto tem mudado tanto... por outro lado, no sul se conservam, ou se tenta conservar, as coisas. Então, para mim, o Sul não é um bairro, bom, diferente dos outros, mas o bairro essencial, fundamental de Buenos Aires. Está unido a mim por muitas coisas, bom, sobretudo, eu fui diretor da Biblioteca Nacional, renunciei ao cargo quando soube que voltaria aquele que sabemos, mas, um fato curioso — não sei se já o mencionamos em outro diálogo — é o seguinte: que eu posso estar no Japão, posso estar em Edimburgo, posso estar no Texas, posso estar em Veneza, mas à noite, quando sonho, estou sempre em Buenos Aires e no Barrio Sur: a paróquia de Monserrat, para ser mais exato. A paróquia da milonga:

> No bairro de Monserrat
> onde refulge o aço,
> o que digo com o bico
> com o couro o declaro.[1]

[1] En el barrio de Monserrat/ donde relumbra el acero,/ lo que digo con el pico/ lo sostengo con el cuero.

Sim, seria essa, bom, de maneira que, estranho, gostaria de dizer que há algo, que há uma parte de mim que fica em Buenos Aires. E que eu acredito que estou viajando, mas que há algo — para usar a fé na mitologia atual: na subsconsciência — que fica em Buenos Aires, e fica especialmente por essas áreas da rua México entre a Perú e a Bolívar, não é? E que à noite, quando sonho, estou nesse lugar, sempre.

Assim, teríamos uma versão do Sul que seria a de Monserrat, a de Rivadavia, na região de Constitución, digamos.

Sim, é verdade, sim. E haveria outra também, na qual eu passei uma boa parte da minha infância: Adrogué. O povoado mais lindo, talvez, do Sul. Adrogué é um povoado de sítios, que agora foram divididos. Em Adrogué antes havia sítios de dois ou três quarteirões, e agora não, foram divididos, mas ficaram esses, bom, esses verdes australianos: os eucaliptos (*ri*) e também sobrou algum sítio, eu acho.

Depois, temos o Sul da literatura, que ficaria do outro lado do rio Salado, não é verdade? Sobretudo a literatura argentina do século XIX.

É verdade, sim. Bom, de alguma maneira eu estaria unido a ela, já que, bom, o digo sem orgulho: que tenho um longínquo parentesco com Rosas, cuja memória está unida ao Salado, porque sua fazenda ficava ali, não é?

No entanto, além do detalhe geográfico que estamos dando do sul, acho que o Sul...

Bom, há outro motivo que é muito importante: o fato de que Sul é um monossílabo, e um monossílabo agudo. Porque se você disser Oeste ou Leste, quase não podem ser usados; mas no inglês sim, "*West*", bom, é uma só sílaba e soa bem, não é? "*To the West*" (para o Oeste). E em espanhol "*Oeste*" quase não pode ser dito, "*Leste*" também não, "*Norte*" já é melhor. É uma palavra só, breve e aguda: o Sul. Por outro lado, se você disser "*El Sud*" não, perde força, e tem muita gente que fala *"Sud"*.[2] Claro, porque está escrito na fachada de Constitución: *"Ferrocarril Sud"*, é uma pena, não é? E no Hino também, porque aí a palavra, bom, *"al gran pueblo argentino, salud"*.[3] Por que se usa *"salud"*? Bom, para rimar com *"Sud"*.

Haveria um espírito que corresponde a essa região, sr. Borges?

Sim.

E me parece que de alguma forma, a todos nos foi transmitido esse espírito. O senhor se lembra de que Martínez Estrada dizia que o espírito da terra, o que ele chamava o espírito do pampa, era o que conformava nossa substância; a substância da nossa personalidade.

Bom, creio que ele nasceu no pampa de Santa Fé, não é?

Sim.

Era de San José de La Esquina, não é? Eu o conheci, mas... ele morreu no Sul, morreu perto de Bahía Blanca.

Em Bahía Blanca.

Eu estive na casa dele. Era cheia de pássaros, ele os chamava, tinha migalhas de pão nas mãos, os pássaros acudiam (*ambos riem*). E parece que Hudson também conseguiu isso, não é? Sim, identificar-se de tal maneira com os pássaros que eles não o viam como um homem, mas como outro pássaro.

Hudson, tão admirado por Martínez Estrada.

Sim. Agora, eu acho que ele se enganou, porque ele definiu Hudson como um *gaucho*, o que era completamente falso, não é? Por outro lado, o espanhol dele (Hudson) era muito defeituoso, ele conhecia o castelhano, bom, para dar ordens aos peões, mas só para isso. Por outro lado, Cunningham Graham, sim, conhecia bem o castelhano; Hudson

---

[2] Em espanhol pode-se usar "sud" em palavras compostas como "sudamérica" ou "sudamericano". É herança das línguas germânicas: *Süden, south*.

[3] Ao grande povo argentino, saúde.

não, a gente percebe pelos nomes próprios porque sempre erra, coloca nomes impossíveis. Bom, ele trabalhava com a memória, e a memória costuma ser, às vezes, inventiva demais, não é? O que é chamado invenção literária é na verdade um trabalho da memória, não como os sonhos, que são elaborados, que são fábulas urdidas com as nossas memórias. Ou seja, os sonhos são um trabalho da memória, a imaginação é um ato da memória, um ato criador da memória.

Sim. Mas essa possibilidade, essa versão do Sul como deserto dada por Martínez Estrada, eu a encontro de novo em um conto de Carmen Gándara, que diz, humanizando o sentido da coisa, que "somos deserto", os argentinos somos deserto. Qual é sua opinião sobre isso?

Parece correto.

O senhor disse que éramos desterrados. Isso se parece um pouco com essa ideia.

Não, não, não, não, mas a minha ideia é que somos europeus no desterro. Mas creio que "somos deserto" é uma ideia diferente, não é? Teríamos que perguntar a ela o que quis dizer exatamente.

O desterro e o deserto.

Mas, talvez, uma frase literária não possa ser explicada sem perder algo, não é? Se eu disser "somos deserto" isso já é eficaz. Para que... não há necessidade de cavá-la.

Mas se o senhor lembrar do que Ortega y Gasset disse sobre nós quando falou de nós, quando escreveu sobre nós como "o homem na defensiva", então eu, imediatamente, lembro disso, do deserto.

Sim, eu lembro, mas naquele momento muita gente ficou ofendida e disse: "Na batalha de Chacabuco não fomos homens na defensiva, mas na ofensiva" (*ambos riem*). Bom, é natural, mas não era isso o que ele queria dizer, ele não se referia a batalhas; se referia ao fato de que as pessoas aqui... bom, são dificilmente espontâneas, são, de alguma maneira, reservadas, embora ocultem bravatas e hipérboles. Realmente, as pessoas tendem a ser bastante hipócritas nesse sentido.

Agora, o senhor parece sentir uma inclinação não somente literária, mas inclusive afetiva pelo Sul.

Sim, isso talvez se deva ao fato de que eu vivi uma boa parte da minha infância em Adrogué, não é? Essa seria uma explicação. Além disso, eu acho que se a gente pensar, digamos, em regiões muito próximas daqui, por exemplo, Tigre, San Isidro, parece que não são a província de Buenos Aires, não é? Pensa-se mais na proximidade do rio. Por outro lado, se você pensar em regiões do Oeste ou do Sul, sim, essa é a planície; se entende que isso é, bom, o que os literatos chamam de "o pampa", que isso é Buenos Aires, não é?

É Buenos Aires, estamos rodeados pelo Sul bonaerense.

Sim, eu acho que sim.

Que é o pampa, mas é Buenos Aires.

Sim, é claro. Bom, por esse Sul e pelo Oeste também, claro, fica a planície.

É a planície.

A ribeira não é a planície, é outra coisa.

Bom, isso não coincide com o que dizia Martínez Estrada quando se referia a Buenos Aires como "a cabeça de Golias". Ele dizia que a planície, ou o pampa, invade de muitas maneiras Buenos Aires. Não sei se o senhor lembra, naquele livro?

Não, não me lembro disso, mas, bom, no universo também acontece, é claro; Buenos Aires invade a planície porque Buenos Aires, bom, Buenos Aires inteiro é a planície invadida, não é?

É a planura ou a planície invadida.

O lugar onde estamos (*riem*), de fato estamos no pampa, sim. Um pampa com muitas casas, e com sobrados, enfim.

Em um conto, o senhor disse que ao atravessar Rivadavia se entra em um mundo mais antigo e mais firme.

Eu disse isso? Devo ter dito tantas coisas realmente. É melhor não mencionar minha obra. Eu tento esquecê-la, e faço isso facilmente. Na minha casa o senhor não encontrará nenhum livro meu, nem mesmo um livro escrito sobre mim, não há nenhum na minha casa. Eu tento esquecer o passado, e tento viver me projetando para o futuro; caso contrário, a gente leva uma vida doentia, não é? Embora as lembranças também sirvam para a elegia, que é um gênero... admissível, perdoável. Mas, com tudo isso, eu tento pensar no futuro, por isso estou sempre planejando contos, bom, limando linhas que talvez nunca cheguem a ser limadas. Mas tento povoar aquela solidão que significa, bom, ser octogenário, e ser cego. Tento povoá-la com fábulas, com sonhos, com projetos; e agora vou realizar esse projeto muito agradável de percorrer novamente o mundo.

Então ultimamente se afasta um pouco de Platão.

Sim, parece que sim (*ri*). Bom, não sei, talvez viajando a gente encontre também os arquétipos.

A gente encontra os arquétipos. É verdade, porque o senhor me dizia que em sua primeira viagem ao Japão, havia encontrado realidades que pensava que não veria nunca, ou que não perceberia nunca.

Bom, não sei se realmente as percebi, ou se me iludo de tê-las percebido. Mas, se são realidade para minha emoção, são reais, visto que não existe outra maneira de medir as coisas que não seja a nossa emoção diante delas.

Sim. Muito bem, se aproxima, então, a segunda viagem para o Japão, nós falamos do Sul. E, de alguma forma, se verifica aquilo que dissemos em outros encontros: essa vocação universal que as pessoas de Buenos Aires e todos os argentinos possuem frente ao conhecimento do mundo.

Sim, felizmente moramos em um país... ainda muito, muito curioso, uma das melhores condições, não é? Nos interessa o universo e não uma parte do universo.

Realmente. Muito bem, sr. Borges, voltaremos a conversar novamente na semana que vem.

Muito bem.

CONRAD, MELVILLE E O MAR

Osvaldo Ferrari — *Sr. Borges, periodicamente lembramos de dois escritores que trataram essencialmente do mar. O primeiro...*
Jorge Luis Borges — Joseph Conrad, não?

Joseph Conrad, e o segundo, o autor de Moby Dick.

Sim... e não se parecem em nada, absolutamente. Porque Conrad cultivou um estilo oral ou, enfim, ficticiamente oral. Mas são os relatos desse senhor que se chamava Marlowe, que conta quase todas as histórias. Por outro lado, Melville, em *Moby Dick* — que é um livro muito original — revela duas influências; há dois homens que se projetam sobre esse livro, beneficamente, é claro. Melville costuma, às vezes, refletir ou repetir... ou melhor, com ele ressoam duas vozes. Uma delas seria a de Shakespeare, e a outra a de Carlyle. Acredito que essas duas influências são perceptíveis no seu estilo. E ele foi beneficiado por elas. Agora, em *Moby Dick*, o tema seria o horror pelo branco. Ele pode ter sido levado: ele pode ter pensado, no começo, que a baleia tinha que ser identificada entre as outras baleias. A baleia que havia mutilado o capitão. E então, ele teria pensado que poderia diferenciá-la tornando-a albina. Mas essa é uma hipótese muito mesquinha; é melhor supor que ele sentiu o horror pelo branco; a ideia de que o branco poderia ser uma cor terrível. Porque sempre se associa a ideia do terror às trevas, à negrura, e depois ao vermelho, ao sangue. E ele viu que a cor branca — que para a vista seria a ausência de toda cor — também pode ser terrível. Agora, ele pode ter encontrado essa ideia. Por que não encontrar sugestões em um livro, em uma leitura, da mesma forma que em qualquer outra coisa, uma vez que uma leitura é algo tão vívido quanto outra experiência qualquer? Eu acredito que ele encontrou essa ideia no *Relato de Arthur Gordon Pym*, de Poe. Porque o tema das últimas páginas desse relato, a parte que começa com as águas das ilhas, essa água mágica, essa água frisada, que pode se dividir segundo as listas, bom, nisso, no final, há o horror pelo branco. E ali isso se explica por aquele país da Antártida que alguma vez foi invadido por gigantes brancos. A cor branca é terrível; isso vai sendo insinuado nas últimas páginas. Pym afirma claramente que as coisas brancas são terríveis para essa gente. E Melville aproveitou essa ideia para *Moby Dick* ("aproveitou" é um apelativo pejorativo que eu lamento ter usado). Enfim, isso é o que acontece. Além disso, há um capítulo especialmente interessante chamado "The whiteness of the wale" (a brancura da baleia), e ali ele se estende com muita eloquência, uma eloquência que agora eu não posso repetir, sobre o branco como algo terrível.

E talvez como imenso.

Como imenso também. Bom, como eu disse branco, e como eu gosto tanto das etimologias, poderia lembrar, não é um fato muito divulgado, que no inglês temos a palavra *black*, que significa preto, e em espanhol a palavra *blanco*. E depois, no francês temos *blanc*, no português *branco*, no italiano *bianco*. E essas palavras têm a mesma raiz, porque no inglês – acho que a palavra saxônica deu origem a duas palavras: *bleak*, que significa descolorido (diz-se, por exemplo, *In a bleak mood*, quando a gente está não descolorido, mas melancólico, abúlico), e a outra *black*, preto. E ambas palavras – *black* em inglês e *blanco* em espanhol – têm a mesma raiz. Têm a mesma raiz porque, no início, não significava preto, mas sem cor. De maneira que no inglês a ideia de algo sem cor foi passando para o lado da sombra: *black* significa preto. Por outro lado, nas línguas romances, essa palavra passou para o lado da luz, para o lado da claridade e *bianco* no italiano, *blanc* em francês e *branco* em português, significam bom, alvo, branco. É estranho: essa palavra que se ramifica e toma dois sentidos opostos; já que costumamos ver o branco como oposto do preto, mas a palavra de origem significa "sem cor". Então, em inglês passou para o lado da sombra, significa preto, e em espanhol para o lado da claridade, e significa *blanco*.

Existe um claro-escuro na etimologia.

É verdade, um claro-escuro, excelente observação. Bom, faz muito tempo eu descobri, mais ou menos na época em que descobri *A divina comédia*, esse outro grande livro: *Moby Dick*. Agora, me parece que esse livro foi publicado e que foi invisível durante algum tempo. Eu tenho uma velha edição, excelente, da *Enciclopédia Britânica*, de 1912, a décima primeira edição, e há um parágrafo, não muito extenso, dedicado a Herman Melville, e naquele parágrafo se fala dele como autor de romances de viagens. E entre os outros romances, nos quais ele se refere às suas navegações, está *Moby Dick*, mas não é diferenciado dos outros, está numa lista junto com os outros. Não se percebe que *Moby Dick* é muito mais que os relatos de viagens e que um livro sobre o mar. É um livro que fala, digamos, de algo essencial. Segundo alguns, seria uma luta contra o mal, mas empreendida de uma maneira equivocada, essa seria a maneira do capitão Ahab. Mas o curioso é que ele impõe essa loucura ao resto da tripulação baleeira. E Herman Melville foi um baleeiro, conheceu essa vida pessoalmente, e, muito, muito bem. Embora fosse de uma grande família de New England, ele era baleeiro. E em muitos de seus contos ele fala, por exemplo, do Chile, das ilhas próximas ao Chile; enfim, ele conheceu os mares. Gostaria de fazer uma outra observação sobre *Moby Dick*, que eu não sei se já foi mencionado, embora tudo já tenha sido dito: o final, a última página de *Moby Dick* repete, mas de um modo mais palavreado, o final daquele famoso canto do Inferno de Dante, em que se refere a Ulisses. Porque ali, no último verso, Dante diz que o mar se fechou sobre eles. E na última linha de *Moby Dick* diz-se, com outras palavras, o mesmo. Agora, eu não sei se Melville tomou em conta essa linha do episódio de Ulisses, ou seja, a nave que afunda, o mar que se fecha sobre a nave, isso está na última página de *Moby Dick* e no último verso do Inferno (não me lembro do número), em que se narra o episódio de Ulisses, que, para mim, é o mais memorável da *Divina comédia*. Mas, o que há na *Divina comédia* que não seja memorável? Tudo é memorável, mas se eu tivesse que escolher algum canto, e não existe motivo para isso, escolheria o episódio de Ulisses, que me comove talvez mais do que o episódio de Paolo e Francesca..., pois há algo de misterioso no destino do Ulisses de Dante: bom, ele está no círculo que corresponde aos enganadores, aos embusteiros, devido à armadilha do cavalo de Troia. Mas a gente sente que esse não é o verdadeiro motivo. Eu escrevi um ensaio – aparece nos *Nove ensaios dantescos* – no qual eu digo que Dante deve ter sentido que o que havia feito era talvez algo vedado aos homens, uma vez que ele, para seus fins literários, tem que se adiantar a decisões que a divina providência tomará no dia do juízo final. Em alguma parte da *Divina comédia*, ele próprio diz que ninguém pode prever as decisões de Deus. No entanto, ele o fez no seu livro, no qual condena alguns ao inferno, outros ao purgatório, e outros destina ao céu. Ele pode ter pensado que o que estava fazendo era, bom, não uma blasfêmia, mas que não era completamente lícito que um homem tomasse essas decisões. E assim, escrevendo esse livro, ele teria empreendido algo vedado. Da mesma forma que Ulisses, querendo explorar o hemisfério setentrional, e navegar se guiando por outras estrelas, também está fazendo algo proibido; e é punido por isso. Porque, de outro jeito, não se sabe por que ele é castigado. Ou seja, eu sugiro que, consciente ou inconscientemente, há um vínculo entre Ulisses e Dante. E cheguei a isso tudo através de Melville, que, sem dúvida, conhecia Dante, já que Longfellow, durante a longa guerra civil norte-americana, a maior guerra do século XIX, traduziu *A divina comédia* de Dante. Primeiro, eu li a versão de Longfellow, e depois me atrevi com a edição italiana... eu pensava muito equivocadamente que o italiano é muito diferente do espanhol. Sim, oralmente é, mas lido não. Além disso, a gente o lê com a lentidão que quer, e as edições da *Comédia* são excelentes. E então se você não entende o verso, entende o comentário. Nas melhores edições há, digamos, uma nota por verso e seria muito estranho não entender nenhum dos dois (*ambos riem*). Bom, puxa, nos afastamos um pouco de Melville, mas Melville é evidentemente um grande escritor, especialmente em *Moby Dick*, e também em seus contos. Faz uns anos, em Buenos Aires foi publicado um livro sobre o melhor conto. Trata-se de um título comercial, é claro. Cada um dos contos escolhidos por quatro escritores argentinos. Colaboraram Manuel Mujica Lainez, Ernesto Sabato, acho que Julio Cortázar, e eu. Sabato escolheu o conto "Bartleby", de Melville; eu escolhi "Wakefield", de Nathaniel Hawthorne. Alguém escolheu, acho, um conto de Poe. Ou seja, houve, três escritores norte-americanos. Foram publicados em um volume no qual apareciam os nossos retratos, os motivos que nos haviam levado a escolher esse conto; e esse livro teve bastante sucesso, e revelou quatro escritores admiráveis.

Sim, uma ideia muito boa.
Sim, uma ideia editorialmente boa, sim.

Mas, quanto a Conrad, o senhor me disse uma vez que havia contos de Conrad que o faziam lembrar não o mar, mas o rio, e, particularmente, o delta do Paraná.
Bem, sim, nos primeiros livros de Conrad, quando ele recorre a paisagens malaias, eu usava minhas lembranças do

Tigre[1] como ilustrações. De maneira que eu li Conrad intercalando ou interpondo paisagens que eu lembrava do Tigre, pois era o mais parecido. A propósito, é estranho o caso de Buenos Aires: uma grande cidade que tem, muito perto, um arquipélago quase tropical, ou quase malaio. É muito estranho, não é? E com cana. Bom, eu estive há pouco tempo no Brasil, e redescobri algo que me havia sido revelado pelos romances de Eça de Queiroz, que é o nome do *bastón* em português. Chama-se *bengala* – sem dúvida pelas canas de Bengala, porque alguém me disse: "A sua bengala",[2] passou-me a bengala, que é irlandesa, e eu lembrei aquela palavra (*ri*), achei muito bonito que o *bastón* se chamasse bengala. Porque *bastón* não lembra nada em especial. Bom, o que poderia lembrar? Os bastos:[3] é um basto grande, é um grande ás de basto. Por outro lado, bengala nos traz uma região inteira, e o bengali, a palavra *bungalow*, derivada de bengala também.

Eu vejo, sr. Borges, que o mar, através de Conrad e Melville está muito perto do senhor, que o mantém na memória com frequência.

Sim, sempre. Bom, existe algo vivo, misterioso... é o tema do primeiro capítulo de *Moby Dick*, o tema do mar como algo que assusta, e que assusta de uma maneira um pouco terrível e um pouco bela também, não é?

O medo que cria a beleza, digamos.

Sim, o medo que cria a beleza, já que a beleza é uma forma de medo ou de inquietude.

Especialmente se lembrarmos aquela frase de Platão no Banquete, que diz: "Orientado para o imenso mar da beleza".

Ah! Uma bela frase. Sim, parece que são palavras essenciais, não é?

---

[1] Cidade que faz parte da província de Buenos Aires, às margens do delta do rio Paraná, cujas ruas são canais navegáveis.
[2] Em português no original.
[3] O naipe de paus.

O mar.

O mar, sim, que está presente na literatura portuguesa e ausente na literatura espanhola. Por exemplo, o Quixote é um livro...

De planície.

Sim, por outro lado, os portugueses, os escandinavos, os franceses — por que não? — depois de Hugo, sentem o mar. E Baudelaire também sentiu e, evidentemente, o autor de *O barco bêbado*, Rimbaud, sentiu o mar, que nunca havia visto. Mas talvez não seja necessário ver o mar: Coleridge escreveu sua "Balada do velho marinheiro" sem ter visto o mar, e quando o viu sentiu-se defraudado. E Cansinos Assens escreveu um admirável poema do mar; eu parabenizei e ele me disse: "Espero vê-lo algum dia". Ou seja, que o mar da imaginação de Cansinos Assens e o mar da imaginação de Coleridge eram superiores ao mero mar, bom, da geografia (*ri*).

Como o senhor pode ver, pelo menos uma vez, conseguimos nos afastar da planície.

É verdade.

SOBRE POLÍTICA

Osvaldo Ferrari — *Diferentemente de Lugones, que de boa fé mudou de posição política em diversas etapas, o senhor, Borges, parece ter mantido uma permanente atitude de independência ou de equidistância em relação à política, e creio que somente prestou atenção nela como imperativo ético.*

Jorge Luis Borges — Sim, pelo menos durante a última metade do século, digamos, uma vez que, infelizmente, não posso falar de meio século. Sim, atualmente eu me definiria como um inofensivo anarquista, ou seja, um homem que quer um mínimo de governo e um máximo de indivíduo. Mas é evidente que isso não é uma posição política agora.

Aí eu vejo o motivo de sua atitude independente, ou seja, está relacionada à sua maneira de ver a importância do indivíduo perante o Estado.

Sim, claro, e agora o Estado nos rodeia por todo lado, e os dois extremos, digamos, a extrema direita e a extrema esquerda são igualmente partidárias do Estado, e da intromissão do Estado em cada instante das nossas vidas.

E da classificação do homem de cultura em cada uma dessas duas grandes linhas políticas.

Sim, e eu já repeti tantas vezes que as opiniões de uma pessoa são o que há de menos importante nela, já que a arte é tão misteriosa ou o exercício da literatura, que não sei se as opiniões são relevantes; também não sei se as intenções o são. O que interessa é a obra, e a obra é essencialmente misteriosa. Especialmente o poeta, que trabalha com palavras, e nas palavras está o sentido que dão os dicionários, e isso talvez seja o que há de menos importante. O mais importante é o ambiente das palavras, sua conotação e depois a cadência das palavras, a entonação com que são ditas... Ou seja, estão sendo manejados elementos fugidios, elementos muito misteriosos.

Sim.

O próprio poeta não sabe até onde os domina, até onde é levado por eles.

Até onde ele é instrumento.

Até onde ele é instrumento, sim, já que a realidade parece inesgotável. A linguagem é uma série de símbolos rígidos, e supor que esses símbolos são esgotados pelos dicionários é absurdo. Agora recordo aquilo que Whitehead chamou "A falácia do dicionário perfeito", ou seja, a falácia de supor que para cada sentimento, ou para cada ideia, ou para cada momento da nossa mutável e crescente vida existe um símbolo, que seria o *mot juste* (a palavra justa) de Flaubert. Ou seja, supor que há um símbolo para cada coisa é supor que existe o dicionário perfeito. E evidentemente os dicionários são meramente aproximativos, não é? E a ideia de sinônimo também, pois de fato os sinônimos não existem, porque o ambiente de cada sinônimo é diferente. Eu não sei até que ponto uma linguagem pode ser traduzida, especialmente uma linguagem poética. Talvez uma linguagem conceitual sim, mas não uma linguagem estética, porque, por exemplo, se traduzirmos um poema literalmente damos simplesmente o sentido das palavras, mas, e a cadência das palavras? E o ambiente das palavras? Talvez isso se perca, e possivelmente isso seja o essencial.

Tudo isso é muito misterioso.

Sim, a arte da literatura é misteriosa. Não é menos misteriosa que a da música. Bom, talvez a literatura talvez seja uma música mais complexa ainda que a música, pois nela estão não somente a cadência das palavras e o som, mas as conotações, o ambiente e também o sentido, já que um poema completamente insensato não é aceitável: devemos pensar que isso significou algo para alguém, especialmente algo para a emoção de alguém. E isso é intraduzível.

"*Intraduzível como uma música.*"

Intraduzível como uma música, sim, é outro tipo de música. Eu lembro uma frase — não sei se é de Kipling, ou se Kipling a cita de algum poeta hindu, mas tanto faz — em algum dos seus contos, uma personagem — o conto acontece na Índia, esqueci todo o resto, mas lembro esta circunstância — uma personagem diz: "Se não me dissessem que era o amor, eu teria pensado que era uma espada nua".

É assombroso.

Agora, o assombroso está na forma, porque se eu disser: "O amor é inexorável como uma espada", não digo nada, ou se eu comparar o amor com uma arma, também não. Mas essa confusão impossível é possível para a imaginação. É claro que ninguém vai confundir o amor com uma espada nua, mas aí está dado, pela sintaxe da frase, porque não começa dizendo: "Ao princípio pensei que fosse uma espada, e depois vi que era o amor". Isso será ridículo, mas "Se não me dissessem que era o amor, eu teria pensado que era uma espada nua" é perfeito. E a sintaxe é perfeita, para além da comparação, para além da metáfora que confunde o conceito de amor com o conceito de uma espada.

É uma bela frase.

Sim, ela tem sua eficácia, e olhe que eu a disse em castelhano, e sem dúvida alguma em inglês, ou talvez em híndi, língua em que talvez a escutou Kipling, tem outra força, que se perdeu na tradução.

Sim, agora, eu dizia que o senhor, mantendo sempre sua independência, na segunda parte da década de 1930, devido ao que estava acontecendo na Europa, eu registro manifestações suas contra o nazismo e o fascismo.

Sim, muita gente aqui não se manifestava.

Em 1937 o senhor escreveu um texto chamado "Uma pedagogia do ódio".

Sim, eu me referia a um livro que Maria Rosa Oliver tinha me emprestado; ela evidentemente era comunista, e não se opôs a outras pedagogias do ódio, mas, enfim, essa contra os judeus lhe pareceu ruim.

Contra os judeus na Alemanha.

Sim, um livro muito curioso. Eu ainda me lembro dele, me lembro das gravuras, pois foi feito para crianças. E lembro que havia um judeu que na verdade parecia, não sei, uma espécie de árabe ou de turco fantástico, acho que até tinha argola no nariz, e depois um suposto alemão, que na realidade era um camponês islandês, já que tinha a estatura dos escandinavos. Que estranho: para os alemães os judeus eram essencialmente morenos. O importante era vê-los como diferentes, para poder odiá-los com mais facilidade. Simplesmente isso.

O senhor mencionava naquele texto que a civilização alemã estava sendo corrompida com ensinamentos de ódio.

Sim, parece incrível que a civilização alemã tenha sido corrompida. Mas eu acho que isso tudo teve sua raiz na nefasta paz de Versalhes. Acredito que se a ideia de Wilson tivesse sido seguida, a ideia de fazer uma paz democrática... mas não foi assim: a França anexou a Alsácia e a Lorena; a Itália também anexou: e a Inglaterra, bom, manteve o bloqueio da Alemanha durante um ou dois anos, após a rendição da Alemanha, o que foi terrível. Acredito ter lido em alguma das biografias de Kafka que ele foi vítima desse bloqueio, ou seja, a fome continuava e a paz tinha sido feita. É algo terrível.

O senhor adotou a mesma atitude em outra página, de 1939: "Ensaio de imparcialidade".

Não me lembro dessa.

Bom, ali o senhor afirma que abomina Hitler porque ele não compartilha sua fé no povo alemão.

Eu disse isso? Então, não me arrependo de tê-lo escrito, porque naquele momento se chamava germanófilo não quem era partidário da Alemanha, mas quem era partidário desse governo da Alemanha.

Sim?

Sim, ser um germanófilo queria dizer ser partidário de Hitler, não um amigo do germânico. Além disso, o germânico é, bom, um gênero, e abrange diversas espécies, digamos: Alemanha, Inglaterra, Suécia, Noruega, Dinamarca, Holanda, Islândia etc. Poderíamos continuar quase indefinidamente. Escócia também, por que não.

Mas o que fica muito claro é o conceito que o senhor expressou em 1945, falando do nazismo, quando disse que se trata do preconceito da superioridade da própria pátria, do próprio idioma, da própria religião...

Bom, é o que aparece agora no mundo inteiro: parece que em todo lugar as pessoas se sentem muito orgulhosas de suas mínimas diferenças, não é? É o que se acentua em todo lugar; a cor local. Agora, felizmente, aqui não temos cor local, mas se inventa ou será inventada. E de qualquer forma, a exaltação do *gaucho* é também uma forma de nacionalismo, o que não foi compartilhado por aqueles que fundaram este país, é claro, já que a palavra *gaucho* era uma palavra pejorativa quando eu era criança.

Então, talvez fossem formas de exacerbação do nacionalismo?

Sim, esse é um dos grandes males, dos máximos males desta época. Bom, há outros também, como a injusta distribuição dos bens espirituais e materiais, aquilo que falei do planeta dividido em países, e esses países possuidores de fronteiras, de lealdades, de preconceitos... são muitos perigos, sim, mas eu acho que, no entanto, sobreviveremos a tudo isso. Eu não verei essa sobrevivência, mas tenho a certeza de que...

Esses perigos ficarão para trás.

Sim, acredito que sim, tudo isso ficará para trás. Mas não será imediatamente... claro, meu pai dizia, a geração dele acreditava, que essa mudança aconteceria em breve: eu lembro que fomos a Montevidéu, lá pela primeira década deste século, por volta de 1905, meu pai me pediu que observasse os uniformes, as bandeiras, os quartéis, as alfândegas, as igrejas (*ri*), porque tudo isso ia desaparecer, e poderia contá-lo a meus filhos. Mas parece que, pelo contrário, tudo isso não só não desapareceu, mas se exacerbou. Mas meu pai tinha essa fé: que a mudança ia chegar. Creio que Macedonio Fernández estava estudando Direito e disse para seus colegas abandonarem esse estudo porque muito em breve o planeta seria um só país e haveria outras leis: para que estudar códigos que em pouco tempo seriam arcaicos? Mas, lamentavelmente, isso não aconteceu; esses códigos continuam nos governando e, na realidade, agregaram-se leis; aquilo não foi simplificado, mas ficou mais complexo.

Sim, voltando ao tema da suposta superioridade da própria raça, o senhor disse que é um dos temas tradicionais da literatura.

Sim, e pode ser encontrado em todo lugar. Por exemplo, nos Estados Unidos, os negros estão convictos de que a raça negra é superior; eu assisti a um congresso "da negritude" em Berlim, e comecei – me pediram que abrisse o congresso, então disse que, no final das contas, as diferenças entre uma raça e outra são mínimas, que havia certas paixões e certas capacidades do homem que vão mais além das raças. E então apareceu um nacionalista africano que havia chegado ao congresso – lembro que tinha uma lança e uma pele de leopardo – e me disse que eu estava muito enganado, já que a cultura era, segundo ninguém ignora, peculiarmente africana. E outras pessoas aplaudiram, e Mallea e eu ficamos desconcertados, Eduardo Mallea estava comigo.

Em que ano foi isso?

Não me lembro exatamente da data, mas houve dois congressos: um "da negritude", e eu lhes aconselhei a palavra *noirceur*, que é mais bonita, não é? Porque "negrura" é melhor que "negritude", que é horrível, é um neologismo. E depois houve outro congresso em Berlim. Esse congresso foi de escritores latino-americanos e alemães. Então, abriu-se o congresso, foi aberto por três personagens que tinham sido levados por... Roa Bastos, que vestiam *poncho punzó*[1], tinham altos *chambergos*[2] e tocavam violão. Todos os alemães aplaudiram, e Mallea e eu tivemos que dizer que esse espetáculo era totalmente inusitado para nós (*ambos riem*). Esses *gauchos* de *poncho punzó* e violões, que nunca tínhamos visto. Os alemães estavam encantados, e então Mallea e eu dissemos que nós não estávamos menos admirados que eles, já que nunca havíamos visto isso, e vínhamos da América do Sul. E tudo aquilo foi imediatamente aceito como símbolo da América do Sul: esses três fantasiados levados por Roa Bastos.

Agora, voltando ao nosso país, há uma auspiciosa frase sua: o senhor disse que o individualismo é uma velha virtude argentina.

Sim, e que deveríamos tê-la aproveitado, mas, ao contrário, isso não aconteceu, aconteceu o oposto.

O senhor não a considera aplicável agora?

Neste momento seria insensato, mas por que não imaginar um futuro em que seja aplicável, já que o futuro é tão plástico, uma vez que manejamos o futuro e esse futuro depende de nós. De maneira que esse manejo pode ser útil, benéfico: o fato de pensarmos no futuro, bom, cada pessoa

---

[1] Peça de vestir característica do *gaucho* saltenho.
[2] Chapéu de abas grandes.

pensa no que gostaria: *wishful thinking* (pensamento propício), mas esse pensamento propício pode ser eficaz.

De todo jeito, o que parece ser necessário destacar, especialmente no homem que trabalha com a cultura, é a autonomia, a independência, e não a sua classificação, numa época que lhe exige o oposto.

Sim, eu tento fazer isso, assim como também muitos dos meus amigos, mas é um pouco difícil.

Tomara que isso continue.

Sim, de qualquer forma, restarão dois individualistas: Ferrari e eu, não é?

Pelo menos.

Sim, que os outros sejam classificados e se percam em diversos partidos. Infelizmente, isso é algo que podemos esperar.

MACEDONIO FERNÁNDEZ E BORGES

Osvaldo Ferrari — *Desta vez, eu gostaria, sr. Borges, que falássemos de um homem que os argentinos ainda não conhecem bem, e de quem, o senhor disse, ainda não se escreveu uma biografia: me refiro a Macedonio Fernández.*
Jorge Luis Borges — Eu herdei a amizade de Macedonio Fernández do meu pai. Juntos estudaram Direito e lembro que quando era criança, quando voltamos da Europa, isso foi em 1920, lá estava Macedonio Fernández nos esperando na doca. De maneira que ali estava a pátria. Agora, quando saí da Europa, minha última grande amizade foi a amizade tutelar de Rafael Cansinos Assens. E eu pensei: agora me despeço de todas as bibliotecas da Europa. Porque Cansinos Assens me disse: "Eu posso cumprimentar as estrelas em dezessete idiomas clássicos e modernos". Que bela maneira de dizer "posso falar, conheço dezessete idiomas", não é? "Posso cumprimentar as estrelas", que dá algo de eternidade e de vastidão, não é? Eu pensei, quando me despedi de Cansinos Assens — aquilo aconteceu em Madri, perto da rua Morería, onde ele morava, sobre o viaduto (eu escrevi um poema sobre isso) —, pensei: "bom, agora eu volto à pátria". Mas quando eu conheci Macedonio, pensei: "Realmente não perdi nada, porque de alguma forma este é um homem que pode substituir Cansinos Assens". Não um homem que pode cumprimentar as estrelas em muitos idiomas, ou que leu muito, mas sim um homem que vive dedicado ao pensamento, e vive dedicado a pensar esses problemas essenciais que se chamam — não sem ambição — a filosofia ou a me-

tafísica. Macedonio vivia pensando, da mesma forma que Xul Solar vivia recriando e reformando o mundo. Macedonio me disse que escrevia para ajudar a si mesmo a pensar. Ou seja, ele nunca pensou em publicar. Agora, é verdade que, durante sua vida, foi publicado um livro dele, *Papéis de recém-chegado*, mas isso se deve a uma generosa conspiração tramada por Alfonso Reyes, que ajudou tantos escritores argentinos. E... também me ajudou, é claro. Mas também tornou possível essa primeira publicação de um livro de Macedonio Fernández. Eu "roubei" um pouco dos papéis de Macedonio: Macedonio não queria publicar, não tinha nenhuma intenção em publicar, e também não pensou em leitores. Ele escrevia para ajudar a si mesmo a pensar, e dava tão pouca importância a seus manuscritos, que mudava de uma pensão para outra, por motivos, bom, fáceis de adivinhar, não é? E sempre eram pensões do bairro dos Tribunales ou do bairro do Once, onde nasceu, e abandonava ali seus escritos. Então nós o recriminávamos por isso, porque ele escapava de uma pensão e deixava uma pilha de manuscritos e aquilo se perdia. Nós falávamos: "Mas Macedonio, por que você faz isso?" Então, ele, com sincero desconcerto, nos dizia: "Mas vocês acham que eu posso pensar em algo novo? Vocês têm que saber, que eu sempre estou pensando as mesmas coisas, eu não perco nada. Voltarei a pensar em alguma pensão do Once o que pensei em outra antes, não é? Pensarei na rua Jujuy o que pensava na rua Misiones".

Mas o senhor disse que ficou impressionado com a conversa de Macedonio.

Era o principal, sim. Eu nunca ouvi uma pessoa cujo diálogo impressionasse tanto, nem um homem mais lacônico do que ele. Quase mudo, quase silencioso. A gente se encontrava todos os sábados em uma confeitaria que fica, ou ficava, na esquina de Rivadavia e Jujuy: La Perla. A gente se encontrava lá pela meia-noite, e ficava até o amanhecer ouvindo o Macedonio. E Macedonio falava quatro ou cinco vezes cada noite, e cada coisa que dizia ele atribuía, por cortesia, ao interlocutor. De maneira que sempre começava dizendo – ele era muito típico ao falar: *"Vos habrás observado sin duda"*,[1] e depois uma observação na qual o outro nunca tinha pensado (*ambos riem*). Mas Macedonio achava mais cortês atribuir seus pensamentos ao outro, e não dizer "eu pensei tal coisa", porque lhe parecia uma forma de presunção ou de vaidade.

Ele também atribuía sua inteligência à inteligência de todos os argentinos.

Sim, também, sim.

Eu lembro que o senhor comparou Adão com dois homens.

É verdade.

Com Whitman e Macedonio.

É verdade

Em relação a Macedonio, por sua capacidade de pensar e resolver problemas fundamentais.

E em relação a Whitman, pelo fato de, bom, de descobrir o mundo, não é? No caso de Whitman, a gente tem a impressão de que ele vê tudo pela primeira vez, que é o que Adão deve ter sentido. E o que todos sentimos quando pequenos, não é? Vamos descobrindo tudo.

E essa admiração que o senhor sentiu por Macedonio, de alguma forma foi equivalente à que sentiu por Xul Solar, conforme o senhor disse várias vezes, eu acho.

Sim, mas Macedonio ficava surpreso com as coisas e eu queria explicá-las. Xul Solar, por outro lado, sentia certa indignação e queria reformar tudo. Ou seja, era um reformador universal, não é? Xul Solar e Macedonio não se pareciam em nada, se conheceram – na verdade esperávamos muito desse encontro – e ficamos decepcionados porque Xul Solar achou que Macedonio era um argentino igual a todos

---

[1] "Você já deve ter observado."

os argentinos. Macedonio Fernández, por outro lado, disse — o que de certa maneira é mais cruel: "Xul Solar é um homem que merece todo respeito e toda pena". Então eles de fato não se "encontraram". Mas creio que depois eles chegaram a ser amigos, mas o primeiro encontro foi, na verdade... um desencontro, como se não tivessem se visto. Eram dois homens de gênio, mas, à primeira vista, mutuamente invisíveis.

É curioso. Agora, o senhor também disse que Macedonio identificava os sonhos, o onírico, com a essência do ser. Há pouco, o senhor identificou, também, o ato de escrever com o ato de sonhar.

Isso é porque eu não sei se há uma diferença essencial. Acredito que essa frase "a vida é um sonho" é estritamente real. Agora, cabe perguntar se há um sonhador, ou se é só um... como dizer? Um sonhar a si mesmo, não é? Ou seja, se existe um sonho que é sonhado... talvez o sonho seja algo impessoal, bom, como a chuva, por exemplo, ou como a neve, ou como a mudança das estações. É algo que acontece, mas não acontece com ninguém; isso quer dizer que não há Deus, mas que existiria esse longo sonho que podemos chamar "Deus" também, se quisermos. Acho que a diferença seria essa, não é? Agora, Macedonio negava o "eu". Bom, também foi negado por Hume, e curiosamente, o budismo também o nega. Que estranho, porque os budistas não acreditam estritamente na transmigração, nas transmigrações da alma. Eles acreditam, na verdade, que, durante sua vida, cada indivíduo fabrica um organismo mental que é o "carma". Depois esse organismo mental é herdado por outro. Mas, no geral, supõe-se que não, por exemplo, acredito que os hindus que não são budistas imaginam que não, que existe uma alma que passa por diversas transmigrações, ou seja, que se aloja em diversos corpos, renascendo e morrendo. Por isso, o deus Shiva — aqui há uma imagem perto — que o senhor poderá ver, um deus dançante, com seis braços, bom, é o deus da morte e da geração, uma vez que se supõe que ambas as coisas são idênticas, que quando você morre, um outro homem é concebido, e que se você conceber, você concebe para a morte, não é? De maneira que o deus da geração é também o deus da morte.

Sim. Também achei significativo, sr. Borges, o sentido que o senhor dá à solidão de Macedonio, à nobreza dessa solidão, que o senhor associa, neste caso, com o caráter dos argentinos, antes, digamos, da chegada do rádio, da televisão e até do telefone.

É verdade. Talvez antes as pessoas estivessem mais acostumadas com a solidão. E se moravam nas fazendas, de fato viviam sozinhas uma boa parte do ano, ou uma boa parte da vida, uma vez que, bom, o que seriam os peões? Gente muito inculta, o diálogo com eles seria impossível. Cada fazendeiro estaria, bom, seria um pouco como um Robinson Crusoé da planície, não é? Ou das facas, ou do que for. Mas, agora talvez tenhamos perdido o hábito da solidão, não é verdade?

Acho que sim.

Principalmente porque agora as pessoas precisam estar permanentemente acompanhadas, e acompanhadas, pelo rádio, por nós (*ri*), fazer o quê! (*ri*)

Ilusoriamente acompanhada.

Sim, ilusoriamente acompanhada, mas, nesse caso, espero que seja agradavelmente acompanhada.

Existe algo de real na companhia radiofônica.

Se não for assim, qual seria o sentido dos nossos diálogos se não forem agradáveis para os outros?

Evidentemente. Chamou-me também a atenção que o senhor atribui a Macedonio a crença de que Buenos Aires e sua gente não podiam ser enganados politicamente.

Bom... em nada. Mas talvez fosse uma exacerbação do nacionalismo de Macedonio, um disparate, realmente. Por exemplo, ele queria — felizmente, não conseguiu — que todos nós assinássemos "fulano de tal", artista de Buenos Aires. Mas ninguém fez isso, é natural (*ambos riem*). Outro exemplo: se um livro era popular, ele dizia que o livro era bom porque Buenos Aires não pode se enganar. E assim ele passou, da noite para o dia, literalmente, do culto a Yrigoyen ao culto do general Uriburu. Do momento em que a revolução tinha sido aceita, então, estava certo, ele não podia censurá-la. E ele pensava o mesmo dos atores populares: a partir do momento em que eram populares, tinham que ser bons, o que é um erro, bom, somos capazes de errar, já demonstramos isso.

Mas o senhor dizia que sua mãe lembrou a Macedonio que ele havia sido partidário de todos os presidentes da República.

Sim, mas ele foi partidário, não para obter nada deles, mas porque ele não queria supor que um presidente tivesse sido eleito sem que aquela eleição fosse justa. E isso o ajudou a aceitar tudo (*ri*). Bom, melhor não nos estendermos com exemplos, não é?

Agora, se este é um país com sentido do metafísico, e Buenos Aires é uma cidade que, por suas origens, tem a ver com o metafísico, bem, eu vinculo Macedonio com a percepção do metafísico que existe aqui, a partir de Buenos Aires.

Não sei, existe essa percepção? Possivelmente... eu não observei isso.

Bom, eu vejo isso na minha leitura de Macedonio.

Ah! Bom, isso sim. Mas não sei se Macedonio não é uma exceção.

Eu acredito que sim, é uma exceção.

Bom, como todo homem genial, não é verdade?

Sim, agora, ao longo do tempo, o senhor tem sentido, eu diria quase, a obrigação de deixar seu testemunho sobre ele, sobre Macedonio.

Sim, e não o fiz completamente. Precisamente porque é tão pessoal que não sei se pode ser comunicado, é como um sabor, ou como uma cor, se o outro não viu essa cor, se o outro não percebeu esse sabor, as definições são inúteis. E no caso de Macedonio, acredito que aqueles que não, bom, aqueles que não ouvem sua voz ao lê-lo, realmente não o leem. E eu posso, eu lembro muito bem a voz de Macedonio Fernández, e posso, bom, trazer de volta essa palavra escrita à sua palavra oral. E outros não, não podem, acham-no confuso ou incompreensível diretamente.

Sim, mas observe, é muito curioso, eu poderia dizer que se a gente compreendeu ou registrou Macedonio, fica mais fácil compreender particularidades de membros da nossa sociedade, da nossa família, de nosso tipo de homem. Eu o vejo de alguma maneira...

Pode ser, ele teria gostado muito dessa ideia, ele a teria aprovado. Eu não sei se é verdadeira ou não, para mim Macedonio é tão único. Bom, poderia lhe dizer o seguinte: nós o víamos todo sábado, e eu tinha a semana inteira, eu poderia visitá-lo, bom, morava perto de casa, ele me convidou... e eu pensei que não, que não ia usar o privilégio, era melhor esperar a semana toda e saber que essa semana seria coroada pelo encontro com Macedonio. Então, eu me abstinha de vê-lo, saía para caminhar, deitava cedo e lia, lia muitíssimo, especialmente em alemão, não queria esquecer o alemão que tinham me ensinado em Genebra para ler Schopenhauer. Bom, eu lia muitíssimo, deitava cedo para ler, ou saía para caminhar sozinho — naquela época isso podia ser feito sem nenhum perigo, pois não havia assaltos nem nada disso, era uma época muito mais tranquila que a atual —, e eu sabia que, bom, "que importa o que pode me acontecer esta noite, se chegarei no sábado, e no sábado vou conversar com Macedonio Fernández". Com meus amigos comentávamos: "Que sorte a nossa! Termos nascido na mesma cidade, na mesma época, no mesmo ambiente que Macedonio". Poderíamos ter perdido isso, que é o que pensa um homem quando se apaixona também, não é? Que sorte ser contemporâneo de Fulana, sem dúvida, única (*ri*) no tempo e no espaço, não é? Bom, nosso pequeno grupo sentia isso por Macedonio Fernández. Acredito que depois da sua morte começaram a aparecer amigos íntimos dele que nunca o tinham visto, mas isso sempre acontece quando morre uma pessoa ilustre, não é? Uma pessoa famosa. Aparecem desconhecidos que dizem que são amigos íntimos. E eu lembro o caso de um amigo – não tenho por que mencionar seu nome – que tinha nos ouvido falar de Macedonio. Esse amigo meu gostava da saudade, e então disse, e chegou a acreditar que tinha sido amigo de Macedonio Fernández e sentiu saudade dessas tertúlias aos sábados na confeitaria La Perla, e ele nunca esteve em nenhuma delas, não conhecia Macedonio nem de vista. Mas não importa, já que ele precisava de saudade, bom, ele alimentou sua saudade dessa maneira. E ele falava comigo sobre Macedonio, e eu sabia que nunca tinham se conhecido. E eu continuava o diálogo, é claro.

Uma saudade criativa, poderíamos dizer.

Sim, uma saudade criativa, sim.

Sr. Borges, eu continuaria falando sobre Macedonio com o senhor ilimitadamente, mas...

Por que não, de forma ilimitada, sobre todos os temas?

Por hoje, teremos que interromper nossa conversa. Então, nos despedimos até a próxima sexta-feira?

Sim, claro, espero sexta-feira com ansiedade.

BORGES COM PLATÃO E ARISTÓTELES

OSVALDO FERRARI — *Bom, sr. Borges, agora que o senhor está de volta, vou lembrar os temas de que tratamos nas conversas anteriores à sua última viagem: falamos da possível identidade dos argentinos; da ordem e do tempo; das diferentes versões que propõe o sul portenho e bonaerense ao longo da história; da sua viagem a Itália, Grécia e Japão; de Macedonio Fernández, Silvina Ocampo, Bioy Casares, Wilcock, e de como nasce e se faz um texto de Borges. Naturalmente, agora se impõe que falemos da experiência que o senhor traz da viagem que realizou pela Itália, Grécia e Japão. A nossa primeira impressão ao vê-lo é que essa viagem lhe fez muito bem, e que o senhor deve ter feito novas descobertas.*

JORGE LUIS BORGES — Não sei se descobertas... confirmações, na verdade. Volto com uma excelente impressão, e sempre com o assombro... não sei, de ser tão respeitado pelas pessoas, de que me levem a sério. Eu não sei se minha obra merece essa atenção, eu acho que não, acredito que sou uma espécie de superstição, agora, internacional. Mas agradeço muitíssimo e isso não deixa de me surpreender. O fato de ter recebido esses prêmios, essas honrarias: o senhor está falando agora com um doutor *honoris causa* da Universidade de Creta. Tudo isso me parece tão fantástico... bom, me parece tão fantástico quanto deve parecer aos outros, não é? Ou seja, eu estou impressionado com isso tudo, penso que talvez... bom, eles me leram em traduções, as traduções podem ter melhorado meus textos, ou talvez haja alguma coisa nas entrelinhas que eu não percebi, e que está ali. Porque se não for assim, eu não sei por que mereço isso tudo. Mas regresso com a melhor impressão desses países; eu não conhecia o sul da Itália, embora soubesse que era a Magna Grécia. Também estive em Creta, e tive a oportunidade de dizer que aquela expressão "Magna Grécia", expressão que se aplica à Ásia Menor, ao sul da Itália, a certas ilhas, poderia também ser aplicada ao mundo inteiro, ou ao Ocidente inteiro. Ou seja, que todos somos Magna Grécia. Eu disse isso lá, ou seja, que todos somos gregos no desterro, em um desterro não necessariamente elegíaco ou infeliz, já que talvez nos permita ser mais gregos, ou mais europeus que os europeus. De maneira que tenho uma ótima lembrança desses países; eu não conhecia o sul da Itália: fiquei surpreso ao ouvir a música popular, ouvi um indivíduo tocando violão, um camponês, me disseram que estava tocando temas sicilianos, e me pareceu ter ouvido, bom, esses ritmos regionais que correspondem à província de Buenos Aires ou à República Oriental: esses ritmos com que se toca "La tapera", ou "El gaucho", de Elías Regules. Bom, esse é exatamente o tipo de música que eu ouvi na Sicília. E depois, em Vicenza, foram muito gentis comigo, em Veneza também, e no Japão, é claro, confirmei as esplêndidas experiências da minha viagem anterior. Ou seja, as de um país que exerce ao mesmo tempo sua cultura oriental e ocidental, e que, em relação à cultura ocidental, em relação à técnica, parece que está, bom, nos deixando para trás.

Sim. Eu vi que em algum lugar da Itália o senhor foi designado Mestre de vida.

Bom, quem dera isso pudesse se referir à minha própria vida, que tem sido uma série de erros. Mas possivelmente a gente possa ensinar o que não sabe, ou o que não praticou, não é? (*ri*)

Sim, mas também é curioso: após ter viajado nos últimos anos muitas vezes por países, digamos, onde se impõe a atual tecnocracia – o sistema mais moderno: Estados Unidos, Europa ocidental (a parte do norte) – agora parece que o senhor foi convocado pelo sul, pelo antigo Ocidente: Creta, Grécia e Sicília.

Bom, mas aquilo que não é Creta, Grécia ou Sicília, é um reflexo desses lugares, é uma extensão desses lugares. Quando tive que falar em Creta, quando fui nomeado doutor dessa universidade da Grécia, lembrei de um fato bastante curioso: a gente pensa no norte como algo oposto ao sul e, no entanto, quando – creio que foi Snorri Sturluson – ao falar do deus Thor, o deus que havia dado o nome ao Thursday (sexta-feira) em inglês, uma vez que, bom, é o dia de Thor, ou seja, o dia de Jove (Júpiter), não é? Bem, quando Snorri Sturluson, no século XIII, tem a oportunidade de se referir a Thor, dá esta etimologia, a qual é evidentemente falsa, mas que demonstra o desejo do norte de se incorporar ao sul. É o seguinte: ele afirma que Thor é filho de Príamo e irmão de Heitor, pela semelhança dos sons. É claro que isso é falso, mas não importa; isso mostra o desejo dessas pessoas... e ele escreveu na Islândia, bom, queriam de alguma maneira se vincular com o sul, queriam se aproximar da *Eneida*, que é o que eles provavelmente conheciam do sul, uma vez que não poderiam conhecer os poemas homéricos, evidentemente, mas, enfim, o desejo de querer fazer parte da cultura mediterrânea. Bom, e isso se vê, por exemplo, no alemão, a palavra *Vaterland*, ou no inglês *motherland*, parecem muito germânicas e, no entanto, o que é *Vaterland* senão uma tradução de *pátria*? Não é uma ideia própria dos germanos, já que para os germanos o importante era fazer parte da tribo, ser leais a um caudilho.

Terra dos pais.

Sim, terra dos pais. Bom, essa ideia, *Vaterland* ou *motherland* em inglês, para não confundir com *Vaterland*, que parece exclusivamente alemã, essa ideia é a mesma, traduzida de *pátria*, em latim. Curiosamente, Groussac indicou a possibilidade de *mátria*, mas claro, agora é um pouco tarde, pois essa palavra resultaria muito artificial, mas seria a *motherland* inglês. Talvez a ideia de *terra da mãe* seja mais segura que a ideia de *terra do pai*, não é? (*ri*) A paternidade é um ato de fé, disse Goethe, não é? A maternidade é um fato, bom, que os animais reconhecem, e que todo mundo reconhece, sim.

Agora, o senhor lembrou a mitologia escandinava e a grega, e eu li uma escritora francesa, Simone Weil, que ao lembrar a mitologia grega e também a oriental afirma que Platão foi o primeiro místico do Ocidente, herdeiro de toda a mística do Oriente.

Bom, não sei se foi o primeiro, porque seria Pitágoras, que é um pouco anterior, acho. E Pitágoras... creio que há um busto de Pitágoras em que é representado com um gorro frígio, ou seja, asiático. Além disso, a ideia da transmigração e a ideia do tempo cíclico dos estoicos e dos pitagóricos deve ser algo que provém do Oriente. E, no Oriente, a ideia dos ciclos faz sentido, porque as pessoas, bom, as almas, a transmigração das almas em seus diversos ciclos, vão melhorando, vão piorando, vão se modificando. Por outro lado, a ideia de ciclos exatamente iguais, que é a ideia dos pitagóricos e dos estoicos parece insensata, uma vez que, na verdade, não serviria absolutamente para nada: não sei até onde podemos falar, bom, de um primeiro ciclo, de um segundo, terceiro, uma vez que ninguém pode perceber as diferenças entre dois ciclos exatamente iguais. Provavelmente, a teoria do tempo circular foi algo da doutrina asiática mal entendido pelos gregos, pois pressupõe ciclos, mas esses ciclos são diferentes.

Os gregos podem ter entendido mal essa tradição, mas, ao mesmo tempo, o Ocidente pode ter entendido mal os gregos, porque se dissermos que Platão, e talvez também Pitágoras, são os primeiros místicos do Ocidente...

Bom, acredito que a palavra *primeiro* não faz muito sentido, já que não se pode saber, mas enfim...

É porque a nossa filosofia começou ali, mas em lugar de tomar Platão como ponto de partida, se tomou Aristóteles como ponto de partida, e algum dia teríamos que chegar a saber qual foi o acerto e qual foi o erro, porque tudo teria sido diferente...

Bom, representam... acho que de qualquer forma representam para nós dois fatos muito diferentes. O fato de a gente pensar... bom, Aristóteles é uma pessoa que pensa por meio de razões. Por outro lado, Platão pensa, além disso, por meio de mitos.

Exatamente.

E isso se pode ver no último diálogo de Sócrates. Parece que ele usa, ao mesmo tempo, a razão e o mito. Por outro lado, depois de Aristóteles, usa-se um sistema ou o outro, não é? Já não somos capazes de usar ambas as coisas. Quanto a mim, acredito que sou incapaz de pensar por meio de razões. Mesmo sabendo que o método é perigoso e falível, eu tendo a pensar por meio do mito, dos sonhos, das minhas invenções, não é?

Ou pela intuição, como no Oriente.

Ou pela intuição, sim. Mas eu sei que o outro sistema é mais rigoroso, e eu tento raciocinar, mesmo sem saber se sou capaz, mas me dizem que sou capaz de sonhar, e espero sê-lo, não é? Afinal de contas, eu não sou um pensador, sou um mero contista, um mero poeta. Bom, resigno-me a esse destino, que seguramente não tem por que ser inferior a outro.

Mas o senhor percebe que em lugar da mística e da poesia como tradição, optou-se pela razão e o método.

Sim, mas, no entanto, somos regidos pela mística e pela poesia.

Ah, sim!

E somos regidos de maneira inconsciente, mas somos regidos.

Mas, é curioso, porque alguns filósofos ocidentais, como Wittgenstein, por exemplo, acabam falando das possibilidades do místico ou do divino, após o circuito cumprido pela razão ao longo dos séculos.

E, se talvez só praticássemos a razão, chegaríamos a ser céticos dela, não é? Uma vez que todo mundo chega a ser cético em relação ao que conhece. Os poetas em relação à linguagem, por exemplo: eles são facilmente céticos da linguagem, justamente porque a manejam e porque conhecem seus limites. Acho que Goethe disse: "Trabalho com a pior matéria", que era o idioma alemão, o que me parece um erro dele, mas, enfim, ele, que tinha que lidar com o alemão, conhecia seus limites. Bom, e se não for falta de modéstia dizer... eu, enfim, meu destino é a língua espanhola, e por isso sou muito sensível a seus obstáculos e limitações, precisamente porque tenho que manejá-la. Por outro lado, no caso de outras línguas, simplesmente as recebo. Mas as recebo com gratidão, eu tento receber com gratidão todas as coisas, e não reparo nos seus defeitos. Mas, possivelmente, se meu destino tivesse sido uma outra língua, eu notaria, bom, as deficiências ou incapacidades dela.

É curioso: ultimamente o senhor fala cada vez mais de aceitação e gratidão.

É porque eu acredito, como Chesterton, que a gente deveria agradecer tudo. Chesterton disse que o fato, bom, de estar sobre a Terra, de estar de pé sobre a Terra, de ver o céu, bom, de ter estado apaixonado, são como atributos que a gente não pode deixar de agradecer. E eu tento sentir isso, e tento sentir, por exemplo, que minha cegueira não é somente uma desventura, embora seguramente o seja, mas que também me permite, bom, me dá mais tempo para a solidão, para o pensamento, para a invenção de fábulas, para a fabricação de poesias. Ou seja, que tudo isso é um bem, não é? Lembro aquilo do grego, Demócrito, que arrancou os próprios olhos em um jardim para que a contemplação do mundo exterior não o atrapalhasse. Bom, em um poema eu disse "O tempo foi meu Demócrito". É verdade, agora eu estou cego, mas quiçá estar cego não seja uma tristeza. Embora me baste pensar nos meus livros, tão próximos e tão longe de mim para, bom, para querer ver. E chego a pensar que se eu recuperasse a vista, eu não sairia desta casa, e ficaria lendo todos os livros que eu tenho aqui, e que mal conheço, embora os conheça pela memória, que modifica as coisas.

Em um diálogo que tivemos recentemente, eu lhe disse que ultimamente o senhor se afastava de Platão, mas agora eu vejo que está mais perto do que nunca do Platão místico que mencionei antes.

Talvez afastar-se de Platão seja perigoso. E de Aristóteles também, não é? Por que não aceitar os dois? São dois benfeitores.

Talvez a melhor possibilidade seja a síntese dos dois.

A ARTE DEVERIA LIBERTAR-SE DO TEMPO

Osvaldo Ferrari — *Na entrevista de hoje conversaremos com Borges sobre a beleza. Antes do início do diálogo sobre a beleza, transcrevemos a resposta que deu Borges à pergunta formulada em uma conversa anterior, sobre qual é o lugar que deveriam ocupar a arte e a literatura em nossa época.*
Jorge Luis Borges — A arte e a literatura... teriam que se libertar do tempo. Muitas vezes me disseram que a arte depende da política ou da história. Não, eu acho que isso é totalmente falso.

Sim.

Bom, Whistler, o famoso pintor norte-americano, assistiu a uma reunião em que se discutiam as condições da obra de arte. Por exemplo: a influência biológica, a influência do ambiente, da história contemporânea... Então, Whistler disse: *"Art happens"*, a arte acontece, ou seja, a arte... é um pequeno milagre.

Verdadeiramente.

Que, de alguma maneira, escapa dessa organizada causalidade da história. Sim, a arte acontece — ou não acontece; isso também não depende do artista.

Outra coisa de que já não se costuma falar, sr. Borges, além do espírito, é da beleza. O curioso é que nem os artistas, nem os escritores, ultimamente, falam do que supostamente foi sempre sua inspiração ou seu objetivo, ou seja, a beleza.

Bom, pode ser que a palavra tenha se gastado, mas o conceito não, porque qual é finalidade da arte, senão a beleza?

Agora, talvez a palavra *beleza* não seja bela, mas o fato é, é claro.

Sim. Mas, na sua escrita, em seus poemas, em seus contos...

Eu tento evitar o que se chama "feísmo", que eu acho horrível, não é? Mas, têm havido tantos movimentos literários com nomes horríveis. Por exemplo, no México houve um movimento literário batizado de um modo pavoroso: o "estridentismo". Mas finalmente ficou quieto, que era o melhor que podia fazer. Aspirar a ser estridente, que incômodo, não é? Era um amigo meu, Manuel Maples Arce, ele dirigiu esse movimento contra um grande poeta: Ramón López Velarde. Ele dirigiu esse movimento estridentista, e eu me lembro de seu primeiro livro, o qual, evidentemente, carecia completamente de beleza e se chamava *Andaimes interiores*, o que já é muito incômodo, não é, (*ri*), ter andaimes interiores? Eu só me lembro de um verso, que não tenho certeza se realmente é um verso: "E em todos os jornais suicidou-se um tísico",[1] o único verso que eu recordo, e talvez esse esquecimento seja piedoso, uma vez que, se esse era o melhor verso do livro, talvez não seja conveniente esperar muito dele. E eu o encontrei muitos anos depois no Japão, acho que ele foi embaixador do México no Japão, e isso o fez esquecer não da literatura, mas sim da sua literatura. Mas, ficou nas histórias da literatura, que registram tudo, como fundador do "estridentismo" (*ambos riem*), uma das formas mais incômodas da literatura, querer ser estridente.

Sim, agora, como falávamos da beleza, gostaria de lhe perguntar sobre algo que sempre me chamou a atenção: Platão diz que, de todos os entes arquétipos, sobrenaturais, o único visível na Terra, o único manifesto, é a beleza.

Bom, mas manifesto através de outras coisas.

Captável pelos sentidos.

[1] Y en todos los periódicos se ha suicidado un tísico.

Não sei se pelos sentidos.

É assim que diz Platão.

Bom, claro, suponho que a beleza de um verso tem que passar pelo ouvido, e a beleza de uma escultura tem que passar pelo tato e pela vista. Mas esses são meios, só isso. Eu não sei se vemos a beleza ou se a beleza chega até nós através de formas, que podem ser verbais ou escultóricas, ou, no caso da música, auditivas. Walter Pater disse que todas as artes aspiram à condição da música. Agora, eu acredito que isso pode ser explicado porque na música o conteúdo e a forma se confundem. Ou seja, você pode contar o argumento, digamos, de um conto, talvez de forma traiçoeira, ou o argumento de um romance, mas não pode contar o argumento de uma melodia, por mais simples que seja. Stevenson disse, mas eu acho que é um erro, que uma personagem literária é só um conglomerado de palavras. Bom, isso é verdade, mas ao mesmo tempo, é necessário que a sintamos como algo que não seja um mero conglomerado de palavras, é necessário que acreditemos nela, eu acho.

É necessário que, de alguma forma, seja real.

Sim, porque eu acredito que se sentirmos uma personagem como um conglomerado de palavras, essa personagem não foi criada de maneira feliz ou acertada. Por exemplo, no caso de um romance, devemos acreditar que as personagens vivem além do que o autor nos diz sobre elas. Por exemplo, se pensarmos em uma personagem qualquer, uma personagem de um romance ou de um drama, temos que pensar que essa personagem – nos momentos em que não a vemos – dorme, sonha, cumpre diferentes funções. Caso contrário, seria completamente irreal para nós.

Sim. Há uma frase de Dostoiévski que me chama a atenção tanto quanto a de Platão. Falando da beleza, ele diz: "Na beleza, Deus e o Diabo combatem, e o campo de batalha é o coração do homem".

É uma frase muito parecida com a de Ibsen: "Que a vida é um combate com o demônio nas grutas ou nas cavernas do cérebro, e que a poesia é o fato de celebrar o juízo final sobre si próprio". Há uma certa semelhança, não é?

Há uma certa semelhança. Agora, Platão atribui à beleza um destino, uma missão. Entre nós, Murena disse que ele considera que a beleza pode transmitir uma verdade extra-mundana.

Bom, suponho que se não a transmite, é inútil, se não a recebermos como uma revelação além do que nos é dado pelos sentidos. Mas eu acho que esse sentimento é comum. Eu tenho percebido que as pessoas são continuamente capazes de criar frases poéticas que não apreciam. Por exemplo, minha mãe (eu já usei essa frase literariamente), minha mãe comentava a morte de uma prima nossa, que era muito jovem, com a cozinheira, cordovesa. E a cozinheira disse, sem notar que era uma frase literária: "Mas, senhora, para morrer, basta estar vivo". Só é necessário... e ela não reparou que era uma frase memorável. Eu a usei depois em um conto. "Não é necessário nada mais do que estar vivo", não é necessário, como se não fossem necessárias outras condições para a morte, a gente fornece aquela, que é a única. Acredito que as pessoas dizem continuamente frases memoráveis e não se dão conta. E talvez a função do artista seja recolher essas frases e retê-las. De todo jeito, Bernard Shaw diz que quase todas suas frases engenhosas foram frases ouvidas casualmente. Mas isso pode ser mais uma frase engenhosa, ou um traço da modéstia de Shaw.

Nesse caso, o escritor seria um grande coordenador do engenho dos outros.

Sim, digamos, um amanuense dos outros, um amanuense, enfim, de tantos mestres, que talvez o importante seja ser o amanuense e não o criador da frase.

Uma memória individual do coletivo.

Sim, seria isso, exatamente.

TIGRES, LABIRINTOS, ESPELHOS E ARMAS

OSVALDO FERRARI — *Faz já algum tempo, sr. Borges, que queria falar de uma ideia que o senhor expressou várias vezes.*
JORGE LUIS BORGES — Eu tenho poucas ideias, e sempre as expresso várias vezes (*ri*).

Dessa maneira se tornam mais marcantes (ambos riem). *O senhor disse que cada escritor, especialmente cada poeta, fatalmente possui um universo pessoal. De alguma maneira, está condicionado por esse universo pessoal, que lhe é dado e ao qual deve ser fiel.*

Não sei se deve ser fiel, mas de fato o é. Deve ser uma indigência, mas a gente vive, bom, a gente escreve em um mundo bastante limitado, não é? Embora fosse melhor que não fosse assim, mas esse fato acontece.

Agora, no seu caso, lembro, entre outras coisas, tigres, armas brancas, espelhos, labirintos.

É verdade. Sou facilmente monótono, não é? Bom, teria que explicar essas razões? Em primeiro lugar, eu não escolhi esses temas, eles me escolheram.

Sim.

Mas eu acho que isso pode ser aplicado a todos os temas. Acredito que seja um erro procurar um tema; é mais um erro de jornalista do que de escritor. Um escritor deve deixar que os temas o procurem, deve começar recusando-os, e depois, resignado, pode escrevê-los para passar a outros, não é?

Por isso seriam fatalmente seus.

Sim, porque eles voltam. Agora, curiosamente, eu sei que se eu escrever a palavra *tigre*, é uma palavra que escrevi centenas de vezes, mas, ao mesmo tempo, eu sei que se escrever *leopardo*, estou trapaceando, que o leitor vai reparar que é um tigre levemente disfarçado, um tigre manchado, e não listrado. A gente se resigna a essas coisas.

Sim, mas, no entanto, em seu poema "A pantera", conseguiu determinar algo realmente diferente do tigre.

Bom, talvez durante catorze versos, mas só isso, não é? (*ambos riem*). Acredito que se perceba que é uma variante do tigre, ou o leitor o sente.

Se o senhor concordar, gostaria de ler o poema "A pantera", para que os ouvintes também saibam que, por uma vez, o senhor diferenciou o tigre.

...Acho que é exatamente igual.

> *Atrás das fortes barras a pantera*
> *Repetirá o monótono caminho*
> *Que é (mas não o sabe) seu destino.*
> *De negra joia, infausta e prisioneira...*[1]

Caramba, não está ruim, hein? Continue.

> *Milhares as que passam e milhares*
> *As que voltam, mas é uma e eterna*
> *A pantera fatal que em sua caverna*
> *Traça a reta que um eterno Aquiles*
> *Traça no sonho que sonhou o grego...*[2]

Sim, Aquiles e a tartaruga: o paradoxo eleático, sim.

[1] Tras los fuertes barrotes la pantera/ Repetirá el monótono camino/ Que es (pero no lo sabe) su destino./ De negra joya, aciaga y prisionera...
[2] Son miles las que pasan y son miles/ Las que vuelven, pero es una y eterna/ La pantera fatal que en su caverna/ Traza la recta que un eterno Aquiles/ Traza en el sueño que ha soñado el griego...

*Não sabe que há prados e montanhas
De cervos cujas trêmulas entranhas
Deleitariam seu apetite cego.*[3]

Aqui, sr. Borges, Silvina Ocampo teria direito de dizer que o senhor também tende, às vezes, a matizes cruéis.

E com toda razão. Bom, este poema — só agora eu percebo —, seria o oposto de um poema, muito superior, é claro, de Lugones: o soneto "Leão cativo". Porque o leão cativo está pensando nos cervos que descem para o rio; fala de confusas corridas das gazelas, e eu não acredito que isso aconteça. Na verdade, eu imagino o animal vivendo esse momento. Por outro lado, Lugones imagina o leão com a consciência de que está preso; com a lembrança de outras épocas, possivelmente não pessoal, mas herdada, a confusa corrida das gazelas... e depois fala algo sobre o declínio de impérios, ou decadência de impérios. Ou seja, é o contrário. Aqui não, aqui o animal é concebido como vivendo, simplesmente, esse momento, digo, sem memória, sem previsão do futuro. Aqui a pantera percorre a jaula em todas as direções, e esse é seu destino, e a pantera não o sabe e o leitor sim.

É a ideia inspirada pelo gato, que vive na eternidade do instante.

Sim, é a mesma ideia; é a ideia de que os animais não têm tempo, que o tempo é próprio dos homens e não dos animais. Agora, essa ideia foi exacerbada por Yeats, por William Butler Yeats, naquele esplêndido poema que termina dizendo:

*He knows death to the bone
Man has created death.*

---

[3] No sabe que hay praderas y montañas/ De ciervos cuyas trémulas entrañas/ Deleitarían su apetito ciego.

O homem conhece a morte até a medula, até os ossos. O homem criou a morte. Ou seja, o homem possui a consciência da morte, o que quer dizer a consciência do futuro e a memória do passado, sim.

O poema "A pantera" fecha com estas duas últimas linhas:

O orbe varia em vão. A jornada,
que cada qual cumpre, já foi traçada.[4]

Ah, claro. Aí essa ideia está estendida para o homem. Porque se chega finalmente à ideia da fatalidade, que é a ideia, bom, do Islã, do calvinismo: a ideia de que tudo está predeterminado. Ou seja, que não somente a vida, digamos, linear, da pantera em sua jaula, está traçada, mas nossa vida, e este diálogo com o senhor, Ferrari, também, sem dúvida alguma. Tudo foi determinado.

Esperemos.

Agora, isso não significa que tenha sido determinado por alguém. Porque muitas vezes essas ideias são confundidas: acredito que a gente pode crer na predestinação e não supor que essa predestinação é conhecida por alguém, algo que acontece por um jogo fatal de efeitos e de causas.

Nesse caso, como o senhor diz, este diálogo seria cósmico ou ordenado.

Sim. Além disso, está sendo fixado por uma máquina, eu acho (*ambos riem*).

Quanto aos labirintos, estou pensando que faz pouco tempo o senhor esteve no, talvez, mais conhecido de todos.

Em Creta, sim. É curioso, mas não se sabe se o de Cnossos foi originalmente um labirinto; eu acho que não, parece que foi um palácio, e que depois se levou para lá a ideia dos labirintos de Heródoto. Ele fala dos labirintos do Egito, eu acho. Não sei se fala do labirinto de Creta. Acho que não.

---

[4] En vano es vario el orbe. La jornada/ Que cada cual cumple ya fue fijada.

Isso seria depois... não tenho certeza, é muito fácil se enganar.

No retorno da sua viagem, o senhor também me mostrou belas armas brancas: facas trazidas da Grécia, uma delas com um cabo de chifre de cabra que é incrível.

É porque as pessoas, devido à minha obra literária – vamos chamá-la assim, uso a palavra entre aspas –, me associam às armas brancas, me presenteiam com punhais, e eu gosto muito disso. Embora nunca tenha aprendido a *"vistear"* sou muito desajeitado. Ou *"barajar"*,[5] como falam no Uruguai. Aqui não, aqui se diz *"vistear"*, é mais preciso. Agora, você observa o olhar do adversário, não a mão que empunha a arma, e olhando os olhos do outro, adivinha-se a intenção. E, depois, que as mãos atuem. De maneira que, sim, tenho ganhado punhais em muitos lugares.

Deveriam presenteá-lo com espadas, porque me parece que na sua obra existem mais menções a espadas do que a punhais.

É verdade, mas as espadas são incômodas, não é? (*ri*). Para viajar é melhor o punhal.

Os espelhos, bom...

Isso corresponde à ideia do duplo, à ideia do outro "eu", ou seja, isso tem a ver com um conceito muito diferente. E é a ideia do tempo, porque a ideia do tempo é essa, é a ideia do "eu" que perdura, e de todo o resto que muda. E, no entanto, existe algo, algo misterioso, que é ator e depois espectador na memória. A ideia do espelho, sim, há algo terrível nos espelhos. Agora, eu me lembro, em *O relato de Arthur Gordon Pym*, de Edgar Poe, chega-se a uma região antártica, e nessa região antártica tem gente que se olha no espelho e desmaia. Ou seja, entendem que o espelho é terrível. Poe sentiu isso, sem dúvida, porque em um artigo ele fala de

---

[5] "Vistear" ou "barajar" significam simular uma luta com armas.

como se deve decorar um quarto, e diz que os espelhos devem estar colocados de tal forma que uma pessoa sentada não se veja repetida. Agora, isso quer dizer que ele também sentiu o horror do espelho, porque, caso contrário, como se explica a precaução de que o espelho não reflita uma pessoa sentada. Ele, sem dúvida, sentiu esse horror, porque aparece em dois de seus textos. E é curioso que não tenha insistido mais. Mas existem essas duas alusões incontestáveis ao espelho como algo terrível.

Como mencionávamos antes, quando falávamos dos sonhos, repete-se um inquietante desdobramento frente ao espelho.

Frente ao espelho, claro. E sem dúvida, essa expressão *alter ego*, outro eu, que é atribuída a Pitágoras, corresponde a essa ideia, deve ter nascido do reflexo, embora seja aplicada depois à amizade, falsamente, eu acho, porque um amigo não é outro eu. Se fosse outro eu, seria muito monótono, tem que ser uma pessoa com características próprias.

Naturalmente.

Sim, mas sempre se diz que um amigo é um outro eu, e não é bem assim, não é um outro eu.

O que agora a filosofia chama "relação de alteridade", seria a aproximação ao outro, diferenciado de si próprio.

Sim, que não seria outro eu. O acento estaria no "ego" e não no "alter".

Além de tigres, armas brancas, espelhos, labirintos, que outro elemento de seu universo pessoal o senhor acha que se apresenta como constante nos últimos tempos?

Nos sonhos?

Ou na vigília.

Bom, agora há o tema da morte. Porque sempre... agora sinto certa impaciência: acho que devo morrer, e devo morrer logo. É que eu já vivi demais. E, além disso, tenho muita curiosidade. Acredito, mas não tenho certeza, que a morte tem que ter um certo sabor, tem que ser algo peculiar que a gente nunca sentiu. A prova está... eu já vi muitas agonias, e as pessoas sabiam que morreriam. E faz pouco tempo me disseram — Alberto Girri me disse — que tinha estado com Mujica Lainez, um mês antes da sua morte e Mujica Lainez lhe disse que ia morrer, que não sentia medo, mas que tinha essa certeza. Agora, essa certeza não pode ter sido baseada em razões, mas nesse sabor peculiar da morte, que a gente sentirá, e que sabemos que nunca sentimos, que não pode ser comunicado, é claro, uma vez que somente podemos comunicar aquilo que é compartilhado pelo outro. As palavras pressupõem experiências compartilhadas; no caso da morte, ainda não.

No entanto, o aspecto que o senhor traz no seu retorno dessa viagem, o ar que o senhor traz no regresso dessa viagem, desmentem essa aproximação que o senhor está indicando.

Bom, de qualquer maneira, essa aproximação chega, e, além disso, eu não falo de aproximação imediata. Falo de certa impaciência. Mas, quando chegar o momento da morte, provavelmente me mostrarei covarde. Embora, em geral, eu tenha visto várias agonias, a gente vê muitas agonias ao final de 84 anos, e quem morria sempre sentia uma grande impaciência: desejava morrer já.

Apesar de tudo, o senhor traz, no regresso de cada viagem, um aspecto completamente renovado. Isso poderia indicar que, em lugar de ansiedade pela morte, haveria uma maior ansiedade por viajar (ri).

(*Ri*) Bom... a morte seria... seria uma viagem evidentemente muito superior às sete viagens de Simbad; seria uma viagem muito maior, não é?

«KAFKA PODE SER PARTE DA MEMÓRIA HUMANA»

OSVALDO FERRARI — *Antes da sua nova partida, sr. Borges, gostaria que falasse do itinerário da nova viagem, que começa pela França, continua pela Inglaterra, e segue depois pelos Estados Unidos. Então, primeiro a França?*

JORGE LUIS BORGES — A França em primeiro lugar, e com um congresso sobre uma pessoa que teria ficado surpresa que se fizesse um congresso sobre ele: Franz Kafka. Ou seja, um tema muito belo, um tema infinito, como de fato são as obras de Kafka. Obras que tomaram como modelo (isso foi-me dito por Carlos Mastronardi) os paradoxos de Zenão de Eleia. A ideia, por exemplo, da infinita corrida da tartaruga, do projétil que não chega nunca à meta. Bom, Kafka, me disse Mastronardi, e tinha razão, usou isso de uma maneira patética. E essa foi a grande invenção de Kafka. Eu terei que falar perante algo que parece, de antemão, muito tedioso, mas que não o é: "Academia das Ciências e das Letras". Mas me disseram que eu posso escolher o tema, e vou ver se consigo o que eu prefiro, um diálogo com o público, que espero que se pareça com este diálogo que eu tenho agora com o senhor, ou seja, um diálogo fácil. Bom, e depois vou receber meu doutorado *honoris causa* na Universidade de Cambridge. Eu já tenho o grau *honoris causa* de Oxford. Faltava a outra grande universidade, uma das mais antigas do mundo. A primeira foi a de Bolonha, eu acho, depois vieram as da Inglaterra, depois as da França, e tardiamente, e incrivelmente, a Universidade de Heidelberg, na Alemanha, e depois as outras. Bom, e depois vou receber uma honraria (isso está sendo organizado pelo marquês de Ricci, em Nova York). Eu não sei exatamente em que consiste, mas me sentirei devidamente atônito e agradecido. Além disso, será uma oportunidade para percorrer ou para estar nesses três países, na França, na Inglaterra, e, sobretudo, eu gostaria de passar alguns dias metido entre os livros em Londres. Nas livrarias, sim. E depois Nova York. Então será uma viagem menos variada do que a que acabo de realizar, que foi, bom... Sicília, o Vêneto, Veneza, Vicenza, e depois, a Grécia, Creta, que são regiões diferentes. Os cretenses, é claro, se sentem muito anteriores aos gregos, e olham um pouco os gregos como falastrões. Enfim, em todo lugar prospera o nacionalismo; o fato de que se você nasce dois metros para a direita, dois metros para a esquerda, já cometeu um erro por não ter nascido no centro que convém... Bom, isso também existe, infelizmente, na Sicília. Lá eles insistem em ser normandos, não sei por que escolheram os normandos, em lugar de escolher... bom, por que não, eu tenho algo de sangue normando também. Nessa última viagem estive no Japão também, e voei duas vezes sobre o Polo Norte. É uma experiência estranha, que consiste simplesmente em sentir que se está voando sobre o Polo Norte, porque não se nota nada, não é? (*ri*). Embora se possa ver, me disse María Kodama, alguns icebergs, mas só isso. E depois, saber que se está voando sobre o Polo Norte (que também não sabe que é o Polo Norte), naturalmente (*ri*).

Bom, sr. Borges, já que começa essa viagem pela França, e também por Kafka, gostaria que conversássemos sobre ele. Não sei se o senhor já tem alguma ideia sobre como vai expor o tema lá. Evidentemente o senhor escreveu sobre Kafka muitas vezes...

Sim, mas farei o possível para não me plagiar (*ri*), já que é melhor plagiar os outros e não se plagiar a si próprio. De qualquer forma, é o que eu sempre fiz, prefiro plagiar os outros... mas, às vezes, ao final de 84 anos, como não releio nada do que escrevo, plagiei, às vezes mal, coisas que já disse mais ou menos bem. Voltei a dizê-las mal. Bom, isso costuma acontecer. Não, no caso de Kafka, o que eu vou destacar é o fato de que se você ler outros grandes escritores, você tem de fazer continuamente o que se chama *make allowances* (fazer concessões) em inglês, não sei como dizer isso em castelhano, você tem que pensar, bom, isso foi escrito em tal época, você tem que levar em conta muitas coisas. Por exemplo, vamos tomar o exemplo máximo, que seria Shakespeare. No caso de Shakespeare, você tem que pensar que ele escrevia para um público não sempre escolhido, que aquilo tinha de durar, bom, o que agora chamamos de cinco atos, embora antes fosse uma extensão contínua. Enfim, certa extensão de tempo, e, além disso, ele representava, ele tinha de tomar como ponto de partida argumentos que eram tradicionais, que eram alheios. E depois ele tinha de aplicar suas personagens a esses argumentos, e, às vezes, se percebe essa discórdia. Por exemplo, eu acredito em Hamlet, mas não tenho certeza de acreditar... e posso acreditar, fazendo um esforço, no fantasma de Hamlet. Mas não tenho certeza de acreditar na corte da Dinamarca ou nas intrigas, eu acho que não. No caso de Macbeth, acredito em Macbeth, acredito em Lady Macbeth, estou preparado para acreditar nas parcas, que também são bruxas, mas não sei se acredito na fábula. Bom, esse seria um exemplo. E, quanto a todos os escritores, você tem que pensar: escreveram em tal época, em tais condições, você tem de situá-los na história da literatura. E, dessa forma, você pode perdoar ou aceitar certas coisas. Mas, no caso de Kafka, acredito que Kafka pode ser lido além das suas circunstâncias históricas. E vemos duas, que são muito importantes: Kafka realiza uma boa parte da sua obra durante a guerra de catorze. Uma das guerras mais terríveis que já aconteceram, ele deve ter sofrido muito nela. Além disso, era judeu, e já assomava o antissemitismo. Ele morou na Áustria, bom, na Boêmia, que fazia parte da Áustria naquela época. Morreu em Berlim, acho. Todas essas circunstâncias: viver em um país sitiado, em um país que no começo foi vencedor e no final vencido. Tudo isso deveria ter repercutido na sua obra e, no entanto, se o leitor não o soubesse, não repararia, uma vez que tudo isso foi transmutado por Kafka. E depois, outro fato, mais estranho ainda: Kafka foi amigo pessoal dos expressionistas. Os expressionistas conduziram o movimento estético mais importante deste século, muito mais interessante que o surrealismo, ou que o cubismo, ou que o mero futurismo, que o mero imagismo. Bom, foi uma espécie de renovação total das letras, e da pintura também. Pensemos em Ernst Barlach ou em Kokoschka, ou em outros. Kafka era amigo deles, eles escreviam, eles estavam permanentemente renovando o idioma, urdindo metáforas. Seria possível dizer que a obra máxima do expressionismo foi a obra de Joyce, embora não pertencesse a esse movimento, e não tenha escrito em alemão, mas em inglês, ou em seu inglês, que é um inglês diferente, um inglês feito unicamente de palavras compostas. Ou seja, temos esses dois fatos: o expressionismo, um grande movimento literário, e Kafka publicava em uma das duas revistas, não sei se em *Die Aktion* ou em *Sturm*, eram duas revistas expressionistas. Naquela época, no ano de 1916, 1917, eu assinava essas revistas. Então eu li pela primeira vez um texto de Kafka: fui tão insensível que me pareceu simplesmente muito manso, um pouco anódino, uma vez que estava rodeado de toda classe de esplendores verbais dos expressionistas (*ri*). Bom, não se percebe nada disso, ou seja, Kafka seria o grande escritor clássico deste nosso atormentado século. E possivelmente será lido no futuro e talvez não se saiba muito bem que escreveu no início do século XX, que foi contemporâneo do expressionismo, que foi contemporâneo da Primeira Guerra Mundial. Tudo isso pode ser esquecido: sua obra poderia ser anônima e quiçá, com o tempo, mereça sê-lo. É o máximo que uma obra pode pretender, não é? E isso, poucos livros conseguem.

Quando você lê as *Mil e uma noites* você aceita o Islã. A gente aceita isso, aceita essas fábulas urdidas por gerações como se fossem de um único autor, ou melhor, como se não tivessem autor. E, de fato, o possuem e também não o possuem, pois algo tão trabalhado, tão limado pelas gerações já não corresponde a nenhum indivíduo. Agora, no caso de Kafka, provavelmente essas fábulas de Kafka já pertencem à memória humana. E poderia acontecer a elas o que aconteceu com *Dom Quixote*: poderiam se perder todos os exemplares do *Quixote*, em castelhano ou nas traduções, todos poderiam se perder, mas a figura de Dom Quixote faz parte da memória da humanidade. Eu acho que essa ideia de um processo terrível, crescente, infinito, que vem a ser a base desses romances que, é claro, Kafka não quis publicar porque sabia que estavam inconclusos, que tinham a obrigação de serem infinitos... bom, *O castelo*, *O processo* podem fazer parte da memória humana e podem ser reescritos com diferentes nomes, com circunstâncias diversas, mas a obra de Kafka faz parte da memória humana. Eu acho que vou dizer isso na França, vou destacar sua condição de clássico, e o fato de podermos lê-lo e esquecer de suas circunstâncias, o que, até onde eu sei, acontece com muito poucos escritores, sim.

O paradoxal é que, tendo ele essa condição de clássico, nos é dito permanentemente que é inevitável a ponte que Kafka cria entre as épocas anteriores e a nossa, junto à Joyce, Proust e também a Henry James.

Bom, talvez Henry James esteja mais perto dele. Acredito que Proust não teria se interessado, e Joyce muito menos, porque Joyce corresponde ao expressionismo, ou seja, à ideia da arte, como apaixonado, mas também como verbal. Digo: no caso de Joyce, o importante é cada linha dele. Agora, Kafka vivia rodeado de pessoas que eram, ou que tentavam ser, Joyce, sem conhecê-lo, é claro. E, no entanto, o que Kafka escreve... e ele escreve em um alemão bastante simples. Tão simples que eu, que estava estudando alemão, pude entendê-lo. E outros autores me deram muito trabalho, os expressionistas, por exemplo: Johannes Becher, a quem admiro muito, que para mim viria a ser o expressionista máximo. Bom, eu não entendia Becher, e, pior ainda, não podia sentir completamente o que lia através dos jogos verbais.

Mas também nos é dito que não podemos fazer uma interpretação fidedigna da nossa época sem a participação de Kafka.

Sim, mas Kafka é mais importante que nossa época, sem sombra de dúvida. É bastante lamentável, Kafka tem que sobreviver a esta época e às simplificações desta época. A gente vive este século, é claro, mas sem muito orgulho, com certa nostalgia do século XIX, que talvez sentisse nostalgia do XVIII. Bom, talvez Spengler tivesse razão: estamos declinando, e sentimos a nostalgia de... bem, quando se fala de *mon vieux temps*, sim, talvez tenhamos alguma razão. Existe uma referência a isso nas *Coplas*, de Jorge Manrique. Mas é irônica; diz:

> Como, ao nosso parecer, qualquer tempo passado
> foi melhor.[1]

"Ao nosso parecer", e depois "qualquer tempo passado foi melhor", sim, o que dizia Schopenhauer: que vemos o passado como algo melhor, mas que o vemos detido, e não somos atores, somos simplesmente espectadores. Por outro lado, em relação ao presente, somos espectadores, mas também atores, e já existe uma ideia de responsabilidade, uma ideia de perigo que está associada. Quanto ao passado, não, o passado, mesmo sendo terrível... podemos até pensar

---

[1] Como a nuestro parecer, cualquiera tiempo pasado/ fue mejor.

nele, bom, no tempo de Rosas com certa nostalgia, porque, mesmo tendo sido terrível, bom, já passou; então está fixo no tempo, e também suas terríveis imagens. Por outro lado, o presente pode nos ameaçar, bom, como a vida nos ameaça em cada instante que vivemos.

Sim. Outra coisa que eu gostaria de mencionar em relação a Kafka é a seguinte: uma escritora, que o senhor conhece, escreveu um ensaio muito significativo sobre Kafka que eu estive revisando há pouco: estou falando de Carmen Gándara.

Conheci, e tenho uma excelente lembrança dela, sim. Eu li um conto dela que se chama "La Habitada", não é? Não me lembro: isso se parece com "Casa tomada", de Cortázar, ou o tema é diferente?

O âmbito é diferente.

Ah, o âmbito, sim.

Ela fala de Kafka e diz algo que me chamou a atenção: diz que durante toda sua vida Kafka procurou a Deus "ausente" em nossa época.

Sim, muitas vezes me fizeram essa pergunta. Eu não entendo essa pergunta.

Ou seja, apesar de tudo, segundo ela, Kafka teria sido um espírito religioso.

Sim, mas um espírito religioso pode não acreditar em um deus pessoal. Por exemplo, os místicos budistas não acreditam em um deus pessoal, mas isso não importa: a ideia de acreditar em um deus pessoal não é uma parte necessária do espírito religioso. E, por exemplo, os panteístas, ou Spinoza, que era um homem essencialmente místico, e dizia *"Deus sive natura"*, Deus ou a natureza, para ele as duas ideias são iguais. Por outro lado, para um cristão não, porque o cristianismo precisa acreditar em um deus pessoal, em um deus que julga seus atos. Bom, por exemplo, nesse livro *Homens representativos*, de Emerson, o tipo de místico é Swedenborg, e Swedenborg não acreditava em um deus pessoal, mas acreditava que o homem escolhe o céu ou o inferno. Ou seja, depois de morrer, ele diz concretamente, uma pessoa se encontra em um lugar estranho, e é abordada por diferentes desconhecidos, e é atraída por alguns e por outros não. A pessoa segue aqueles por quem se sente atraída. Se essa pessoa é um homem mau, aqueles que a atraem são demônios; mas ela se sente mais confortável com os demônios do que com os anjos. E se é um homem justo, se sente confortável com os anjos. Mas ele escolhe essa companhia; e uma vez que está no céu ou no inferno, não gostaria de estar em outro lugar, porque sofreria muito. Swedenborg certamente acreditava em um deus pessoal. Mas os panteístas, em geral, não. O importante é que haja um propósito ético no universo. Se houver um propósito ético, e se a pessoa o sentir, bom, a pessoa já é uma mente religiosa. E eu acho que temos que tentar acreditar em um propósito ético, mesmo que ele, de fato, não exista. Mas, enfim, isso não depende de nós, não é? Em todo caso, devemos atuar, bem, seguindo nosso instinto ético.

O MODERNISMO E RUBÉN DARÍO

Osvaldo Ferrari — *Sr. Borges, muitas vezes falamos do movimento mais importante da literatura de nossa língua...*
Jorge Luis Borges — ...O Modernismo.

Sim, e de sua influência no outro lado do oceano. Mas falamos do Modernismo, e também de algumas de suas figuras, e não mencionamos, em particular, a grande figura central, que parece subentendida ou implícita...

Rubén Darío.

Sim, exatamente.

Eu me lembro que na minha vida conversei umas quatro ou cinco vezes com Lugones. E cada vez ele desviava a conversação para falar de "meu amigo e mestre Rubén Darío". Ele gostava de acentuar essa relação filial. Ele, que era um homem tão soberbo, tão autoritário, sentia o prazer de reconhecer essa relação. Agora, eu ouvi dizer que Rubén Darío ficou escandalizado com as liberdades, que considerou excessivas, do *Lunário sentimental* de Lugones. E, no entanto, esse *Lunário*, cuja data exata não lembro, mas deve ser entre 1900 e 1910, é dedicado a Rubén Darío e outros "cúmplices" (*ri*). O estranho da palavra "cúmplices", não é?

Do movimento.

Sim, mas Rubén Darío achou que Lugones havia se excedido. E parece que antes Lugones sentiu o mesmo em relação a Jaimes Freyre, mas depois ele deixou para trás as liberdades de Jaimes Freyre, precisamente no *Lunário sentimental*. Agora, no caso de Darío, eu acho que sua obra é tão irregular... mas eu diria que o melhor de Darío é aquilo que se baseia estritamente na cadência dos versos, não é?

O senhor quer dizer na música.

Na música, sim, eu acho que não há nenhuma dúvida, porque no final, quando ele emitiu opiniões políticas, eram bastante triviais, por exemplo, aquela "Oda a Roosevelt", bom, começa bem:

"É com voz da Bíblia ou verso de Walt Whitman que haveria que chegar a ti, Caçador".[1]

Mas, depois, no final, ele diz: "Há mil filhotes soltos do Leão Espanhol".[2] Eu não acho isso muito convincente, não é? E depois: "E, pois, contais com tudo, falta uma coisa: Deus!".[3] Bom, retoricamente está bem, mas... eu penso que um poeta deve ser julgado pelo melhor da sua obra, e, é claro, eu considero que o mais fraco da obra de Rubén Darío, penso dizer isso publicamente, é aquela elegia que ele escreveu quando morreu Mitre, onde se vê que ele não está estimulado pela mínima emoção, que ele escreveu isso para ficar bem com o jornal *La Nación*. E a "Oda a la Argentina" também parece muito fraca:

> Os êxodos vos salvaram,
> há na terra uma Argentina![4]

Não possui muito valor poético, e no poema a Mitre, há estrofes que realmente provocam vergonha:

> A obra em que fizeste tanto tu
> triunfo civil sobre as almas,
> o progresso enche de palmas,
> a liberdade sobre o ombú![5]

---

[1] Es con voz de La Biblia o verso de Walt Whitman que habría que llegar hasta ti, Cazador.
[2] Hay mil cachorros sueltos del León Español.
[3] Y, pues contáis con todo, falta una cosa: Dios!
[4] Los éxodos os han salvado,/ ¡hay en la tierra una Argentina!
[5] La obra en que hiciste tanto tú,/ triunfo civil sobre las almas,/ el progreso llena de palmas,/ la libertad sobre el ombú!

...sim, é melhor esquecê-lo.

Um pouco forçado.

Sim, completamente forçado. Por outro lado, Lugones escreveu o poema "Oda a los ganados y a las mieses", que vem a ser o mesmo tema, mas que é sentido por ele. É claro que Darío não tinha a obrigação de senti-lo e foi assim que lhe saiu.

Se obrigou...

Eu diria que, se tivesse que escolher uma obra de Darío, e não há nenhum motivo para fazê-lo, pois temos tantas e tão excelentes, acredito que o responso à morte de Verlaine:

> Pai e mestre mágico, liróforo celeste.[6]

E depois um poema: "Eu fui um escravo que dormiu no leito de Cleópatra a rainha,"[7] é belíssimo, e é de mil oitocentos noventa e tantos, ou seja, é anterior a poemas famosos dele. E o mais famoso foi, talvez, o mais fraco: a "Sonatina".

> A princesa está triste... o que tem a princesa?[8]

E depois começa o ruim:

> De sua boca de morango escapa a tristeza.[9]

Não é muito admirável, não é?

> Que já perdeu o riso, que já perdeu a cor.[10]

Também pouco, e depois vem um verso mágico:

> A princesa está pálida em sua cadeira de ouro,[11]

---

[6] Padre y maestro mágico, liróforo celeste.
[7] Yo fui un esclavo que durmió en el lecho de Cleopatra la reina.
[8] La princesa está triste... ¿qué tendrá la princesa?
[9] Los suspiros escapan de su boca de fresa.
[10] Que ha perdido la risa, que ha perdido el color.
[11] La princesa está pálida en su silla de oro.

Que é muito lindo porque a voz é obrigada a uma lentidão... e depois:

> Está mudo o teclado em seu cravo sonoro
> E num copo, esquecida, desmaia uma flor.[12]

Não é especialmente bom, e depois, uma linha terrível em que aparece:

> Um lebréu que não dorme e um dragão colossal.[13]

E esse dragão colossal faz parecer que tudo é mentira, não é? Porque, como a gente sabe que não há um dragão colossal, além disso "colossal" parece diminuí-lo.

O dragão.

Sim, ou que fosse feito de papelão. No entanto, foi um dos versos que provocou mais assombro.

Agora, o senhor sabe que há muitos escritores prejudicados pelo fato de serem obrigatórios nos estudos que se fazem deles nas escolas.

Sim, e eu tenho um exemplo bastante estranho; eu estive conversando com um senhor italiano, e ele me disse que na escola ele teve que decorar dois ou três cantos da *Divina comédia*. Então, ele odiou Dante e a *Comédia*, mas que anos mais tarde a leu, e descobriu que era muito boa (*ambos riem*), apesar desse ódio que havia sido estimulado pela leitura obrigatória. A leitura não deveria ser obrigatória.

Ele gostou quando leu livremente.

Sim, é que eu creio que com a leitura obrigatória acontece o mesmo que ocorre com os nomes de rua, que dão nomes de pessoas, e isso implica algo assim como uma funesta transmigração, ou seja, significa que a personagem vira uma rua, não é?

---

[12]Está mudo el teclado de su clave sonoro;/ y en un vaso, olvidada, se desmaya una flor.

[13]Un lebrel que no duerme y un dragón colosal.

É claro.

Dentro de cinquenta anos, Lavalle será a rua Lavalle, ou a praça Lavalle... a menos que seja substituído por outro prócer. Com o tempo acontece isso, por exemplo, todos os dias falamos da rua Esmeralda... bom, sinto vergonha ao dizer que eu tenho uma ideia um pouco vaga de Esmeralda, suponho que tem algo a ver com o Chile, mas não sei muito bem por que se chama assim. A rua Florida também não: não acredito que se refira ao estado norte-americano, deve haver algum motivo.

Dizia que a leitura obrigatória prejudica, especialmente no caso de Rubén Darío, porque as novas gerações talvez não se aproximem muito dele já que o sentem como um nome escultural, frente ao qual seria difícil se deter, digamos.

Ah, sim, talvez o pior que pode acontecer com um escritor é tornar-se um clássico (*ambos riem*), que foi o que aconteceu com Marinetti, na Itália. Bom, é melhor que aconteça isso, uma vez que existe um Museu do Futurismo, ele queria destruir os museus, e agora ele próprio e sua obra são peças de museu. Não sei se ele teria ficado alegre ou indignado com isso, não é?

Não sabemos, mas, sua percepção da vigência da música na poesia de Rubén Darío é tão importante quanto sua apreciação de que ele renovou a métrica e as metáforas...

E os temas, a linguagem...

E a sensibilidade.

A sensibilidade, é claro, sente-se de um modo diferente, de um modo mais delicado depois de Darío. Bom, tudo isso graças à obra de Hugo e de Verlaine. Mas, que estranho, porque os nomes de Hugo e Verlaine são vistos, digamos, como antagônicos na França, e, por outro lado, aqui, a literatura espanhola estava tão pobre que recebeu os dois, como dois hóspedes benfeitores, e não foi pensado que entre si eram... não acredito que Verlaine gostasse muito de Hugo.

Agora, Hugo havia, sim, apreciado Verlaine, porque Hugo estava muito seguro de si próprio. Além disso, tinha uma alma muito hospitaleira; ele elogiou todos, inclusive Baudelaire, quando disse que havia trazido ao firmamento da poesia *"un frisson nouveau"*.

Sim, "um novo estremecimento".

Sim, Hugo foi muito generoso ao dizer isso, e muito justo também. Pena que Hugo e Whitman nunca se conheceram, possivelmente Hugo morreu sem nunca ter ouvido o nome de Whitman, embora ele morra em mil oitocentos e oitenta e tantos, não tenho certeza da data, e a obra de Whitman é de 1855. Nessa época, Hugo já era famoso, mas não se conheceram, e acredito que teriam gostado muito um do outro.

Provavelmente.

Sim, pois de alguma forma se complementam.

Ao mesmo tempo, a devoção de Rubén Darío por Verlaine é comovente, como podemos ver no "Responso", por exemplo.

Ah, sim, é porque se não sentirmos Verlaine de um modo íntimo, não o sentimos, não é?

Sim...

Basta somente uma linha de Verlaine: *"Le vent de l'autre nuit a jeté bas l'amour"* (O vento da outra noite derrubou o amor), que quer dizer o amor, e também quer significar uma imagem, uma estátua do amor, sim, e é lido das duas maneiras porque não se excluem. Bom, Dante, precisamente, acreditava que sua obra — segundo lhe diz na epístola a Cangrande de La Scala — podia ser lida de quatro maneiras diferentes, o que se supunha, então, aplicável à Sagrada Escritura, que podia ser lida de quatro maneiras. E agora muita gente critica Dante de um modo muito ignorante, supondo que ele acreditava que o outro mundo fosse exatamente assim. E, entre eles, curiosamente, Paul Claudel diz: "Sem dúvida, no outro mundo nos esperam outros espetáculos além dos de Dante". Mas Dante já sabia, ele não supunha que as pessoas encontrariam todas essas personagens falando italiano, e em tercetos: isso é absurdo.

Sim, o outro aspecto que me interessa, sr. Borges, é que o senhor parece ver no modernismo um movimento rumo à liberdade...

Sim, eu acho que sim, eu penso que tudo o que foi feito depois não poderia ter sido feito sem o modernismo, o que, em certos casos, seria, bom, injusto culpar o modernismo pelo ultraísmo, que foi uma bobagem, ou pelo criacionismo. Mas, no entanto, essas coisas também não teriam sido feitas sem Darío.

Mas, então, por que a liberdade neste caso? Por que rompe com as formas anteriores?

Não, porque realmente eu penso que, a partir do Século de Ouro, e talvez incluindo o Século de Ouro, decai a poesia espanhola. Acredito que o Conceptismo, o Culteranismo, sejam formas de decadência. Há algo, enfim... tudo fica rígido. Por outro lado, no *Romancero*, em Fray Luis de León, em San Juan de La Cruz, em Manrique anteriormente, não é assim: as formas não são rígidas, tudo flui. E depois, especialmente no caso de Quevedo, no caso de Góngora, no caso de Baltasar Gracián, tudo é rígido. E depois temos o século XVIII muito pobre, o século XIX também, e então vem Darío e tudo se renova. E isso se renova na América e depois chega à Espanha, e inspira grandes poetas como os irmãos Machado, e como Juan Ramón Jiménez, para mencionar somente dois; sem dúvida existem outros.

Então, poderíamos pensar que Darío, Lugones e Jaimes Freyre foram, digamos, libertadores dentro da poesia.

Sim, penso que sim, e, segundo Lugones, o primeiro teria sido Darío.

Evidentemente.

Acredito que agora ninguém duvida disso, não é? E

justamente por isso nos parece muito repetido, justamente porque foi o primeiro dos renovadores... Sob a influência, é claro, de Edgar Allan Poe. Que estranho, Poe é norte-americano, nasce em Boston, morre em Baltimore, mas chega à nossa poesia porque é traduzido por Baudelaire.

É verdade.

Porque, de outro jeito, não teria chegado. Então, essas três influências são, de alguma maneira, influências da França.

BORGES NÃO CRÊ EM UMA DIVINDADE PESSOAL

OSVALDO FERRARI — *Muitos ainda se perguntam se J. L. Borges acredita ou não em Deus, já que às vezes têm uma impressão afirmativa e outras vezes negativa.*

JORGE LUIS BORGES — Se Deus significar algo em nós que procura o bem, então sim, acredito. Agora, se pensarmos em um ser individual, não, não acredito. Mas creio em um propósito ético, não sei se do universo, mas de cada um de nós. E quem dera pudéssemos acrescentar, como William Blake, um propósito estético e um propósito intelectual também, mas isso se refere aos indivíduos, não sei se ao universo, não é? Lembro daquele verso de Tennyson: "A natureza, vermelha no colmilho e na garra". Como se falava tanto da natureza, Tennyson escreveu isso.

Isso que o senhor acaba de dizer, sr. Borges, confirma minha impressão de que seu possível conflito em relação a crer ou não em Deus tem a ver com a possibilidade de que Deus seja justo ou injusto.

Bom, eu acredito que é suficiente dar uma olhada no universo para perceber que evidentemente não reina a justiça. Agora me lembro de um verso de Almafuerte:

> Eu derramei, com delicadas artes sobre cada
> réptil uma carícia, não pensava necessária a justiça
> quando reina a dor por toda parte.[1]

E depois, em outro verso, ele diz:

---

[1] Yo derramé, con delicadas artes sobre cada/ reptil una caricia, no pensaba necesaria la justicia/ cuando reina el dolor por todas partes.

Só pede justiça
mas será melhor que não peças nada.[2]

Porque pedir justiça é pedir muito, é pedir demais.

No entanto, o senhor também reconhece no mundo a existência da felicidade das bibliotecas e de muitas felicidades.
Sim, é claro. Eu diria que a felicidade, bom, pode ser momentânea, mas é frequente, e acontece, por exemplo, no nosso diálogo, eu acho.

Há outra impressão de fundo, digamos; a impressão de que, em geral, todo poeta tem a noção de outro mundo além deste mundo, uma vez que, naquilo que escreve, o poeta parece sempre nos remeter a algo mais além do que essa escrita menciona ocasionalmente.
Sim, mas esse mais além talvez seja projetado pela escrita, ou pelas emoções que levam à escrita. Ou seja, talvez esse outro mundo seja uma bela invenção humana.

Mas poderíamos dizer que em toda poesia existe uma aproximação a outra coisa, mais além das palavras com que é escrita e das coisas a que faz referência.
Bom, além disso, a linguagem é muito pobre se comparada com a complexidade das coisas. Acredito que o filósofo Whitehead fala do paradoxo do dicionário perfeito, ou seja, a ideia de supor que todas as palavras registradas no dicionário esgotam a realidade. Sobre isso também escreveu Chesterton, dizendo que é absurdo supor que todos os matizes da consciência humana, que são mais vastos que os de uma selva, possam caber em um sistema mecânico de grunhidos, que seriam as palavras, ditas por um corretor da Bolsa. Isso é absurdo e, no entanto, fala-se de idiomas perfeitos. Supõe-se que os idiomas são muito ricos, e todo idioma é muito pobre se comparado, bom, com a nossa consciência. Acho

---

[2]Sólo pide justicia/ pero será mejor que no pidas nada.

que em alguma página de Stevenson se diz que o que acontece em dez minutos é algo que excede todo o vocabulário de Shakespeare (*ri*), acho que é a mesma ideia.

Sim, agora, na sua escrita, o senhor tem mencionado o divino, e inclusive, o sobrenatural. Também aceitou, em um de nossos diálogos, as palavras de Murena que dizem que a beleza pode transmitir uma verdade extramundana. Ou seja, o senhor parece admitir a existência do transcendente, sem dar o nome de Deus, sem chamá-lo Deus.

Eu acho que é mais seguro não chamá-lo Deus; se o chamarmos Deus, pensamos em um indivíduo, e esse indivíduo é, misteriosamente, três, segundo a doutrina, para mim inconcebível, da Trindade. Por outro lado, se usarmos outras palavras, talvez menos precisas, ou menos vívidas, poderíamos nos aproximar mais da verdade, se é que essa aproximação é realmente possível, o que também ignoramos.

Justamente por isso, sr. Borges, seria possível pensar que o senhor não menciona Deus, mas que possui uma crença, uma percepção de outra realidade, além da realidade cotidiana.

Mas eu não sei se esta realidade é cotidiana; não sabemos se o universo pertence ao gênero realista ou ao gênero fantástico, porque, se, como pensam os idealistas, tudo é um sonho, então, o que chamamos "realidade" tem essência onírica... Bom, Schopenhauer falou de "a essência" (onírica parece muito pedante, não é?)... digamos: "A essência sonhadora da vida". Sim, porque "onírico" sugere algo tão triste como a psicanálise (*ri*).

A outra interrogação, além da fé ou falta de fé, é se o senhor concebe o amor, em termos universais, como um poder ou como uma força necessária para a realização da vida humana.

Não sei se necessária, mas sim inevitável.

Não falo do amor que os seres humanos podem dar uns aos outros, mas daquele que os homens recebem ou não, assim como recebem o ar ou a luz, um amor, eventualmente, sobrenatural.

Às vezes eu me sinto, digamos, misteriosamente agradecido. Especialmente, bem, quando me chega a ideia de algo que depois será, infelizmente, um conto ou um poema, tenho a sensação de receber algo. Mas não sei se esse "algo" me é dado por algo ou alguém, ou se surge de mim mesmo. Yeats possuía a doutrina da grande memória, e ele pensava que não é necessário que um poeta tenha muitas experiências, pois herda a memória dos pais, dos avós, dos bisavós. Ou seja, isso vai se multiplicando em uma progressão geométrica, e herda a memória da humanidade, e isso lhe vai sendo revelado. Agora, De Quincey acreditava que a memória é perfeita, ou seja, que eu tenho em mim tudo o que eu tenho sentido, tudo o que eu tenho pensado desde que era uma criança, mas que é necessário um estímulo adequado para encontrar essa lembrança. E isso nos acontece, digamos, de repente, quando você ouve um trecho de música, aspira certo cheiro, e isso lhe traz uma lembrança. Ele pensa que isso viria a ser... bom, ele era cristão, que esse poderia ser o livro que é usado no Juízo Final, que seria o livro da memória de cada um. E isso poderia nos levar, eventualmente, ao céu ou ao inferno. Mas, enfim, essa mitologia é estranha para mim.

Que curioso, sr. Borges, parece que falamos permanentemente através da memória. O nosso diálogo às vezes me faz pensar em um diálogo de duas memórias.

Mas de fato o é, já que, se somos algo... nosso passado é o quê? Nosso passado não é aquilo que pode ser registrado em uma biografia, ou que pode ser fornecido pelos jornais. O nosso passado é a nossa memória. E essa memória pode ser uma memória latente, ou equivocada, mas não importa: está ali, não é? Pode mentir, mas essa mentira, então, já faz parte da memória, faz parte de nós.

Já que falamos da fé, ou da falta de fé, existe na nossa época um fato que me parece muito curioso: o senhor sabe que durante séculos os homens têm se preocupado, tanto no Ocidente protestante quanto no Ocidente católico, com o dilema da sua salvação ou da sua não salvação, pela questão da salvação da alma. Eu diria que as novas gerações nem sequer se preocupam com isso, nem sequer o concebem como um dilema.

Acho isso bastante grave. O fato de que uma pessoa... bem, quero dizer que não têm, digamos, instinto ou sentido ético, não é? Além disso, existe uma tendência, mais do que tendência, um hábito, de julgar um ato pelas suas consequências. Agora, isso me parece imoral, porque quando você age, você sabe se age bem ou mal. Quanto às consequências de um ato, estas se ramificam, se multiplicam e, talvez, no final, se equivalham. Por exemplo, eu não sei se as consequências do descobrimento da América foram más ou boas, porque são tantas... e, além disso, enquanto conversamos, estão crescendo, estão se multiplicando. Então, julgar um ato por sua consequência é absurdo. Mas, as pessoas tendem a isso, por exemplo, um certame, uma guerra, tudo isso é julgado pelo fracasso ou pelo sucesso, e não se é eticamente justificável. E quanto às consequências, como disse, multiplicam-se de tal forma que talvez, com o tempo, cheguem a um equilíbrio, e depois voltem a desequilibrar-se de novo, já que o processo é contínuo.

Junto da perda da ideia da salvação ou não salvação, se dá a perda da ideia do bem e do mal, o pecado ou não pecado. Ou seja, existe uma visão diferente das coisas, que não inclui a cosmovisão anterior.

Pensa-se, digamos, no imediato, não é? Pensa-se em se algo é vantajoso ou não. E, geralmente, pensa-se como se o futuro não existisse, ou como se não existisse outro futuro que não seja o futuro imediato. Atua-se conforme o que convém nesse momento.

E esse extremo imediatismo nos "imediatiza", e digamos que inclusive nos "futiliza", nos torna fúteis.

Sim, concordo plenamente com o senhor.

SOBRE O AMOR

Osvaldo Ferrari – *Em vários dos seus poemas e contos, sr. Borges, particularmente no "Aleph", o amor é o motivo ou fator dinâmico, digamos. A gente nota que o amor pela mulher ocupa um bom espaço na sua obra.*

Jorge Luis Borges – Sim, mas no caso desse conto não, nesse conto ia acontecer algo incrível, o "Aleph", e então ficava a possibilidade de tudo ser uma alucinação. Por isso convinha que o espectador do "Aleph" estivesse comovido, e não há melhor motivo que a morte de uma mulher, que havia sido muito querida por ele, e que não havia lhe correspondido esse amor. Além disso, quando eu escrevi esse conto, tinha acabado de morrer quem no conto se chama Beatriz Viterbo.

Concretamente.

Sim, concretamente, de maneira que isso me serviu para o conto, já que eu estava sentindo essa emoção e ela nunca me deu atenção. Eu estava, digamos, apaixonado por ela, e isso foi útil para o conto. Parece que se a gente conta algo incrível, tem que haver um estado de emoção prévia, ou seja, o espectador do "Aleph" não pode ser uma pessoa casual, não pode ser um espectador casual, tem que ser alguém que esteja emocionado. Então aceitamos essa emoção, e depois aceitamos o maravilhoso do "Aleph". De maneira que eu o fiz por isso. E, além disso, lembro do que dizia Wells: ele falava que, se houver um fato fantástico, é conveniente que seja o único fato fantástico da história, porque a imaginação do leitor, especialmente agora, não aceita muitos fatos fantásticos ao mesmo tempo. Por exemplo, esse livro dele, *A guerra dos mundos*, que trata de uma invasão de marcianos. Isso foi escrito no final do século passado, e tem também outro livro escrito naquela época, *O homem invisível*. Agora, nesses livros, todas as circunstâncias, exceto aquele fato capital de uma invasão de seres de outro planeta, algo no qual ninguém havia pensado até então, e agora o vemos como possível, e um homem invisível, tudo isso está rodeado de circunstâncias comuns e triviais para ajudar a imaginação do leitor, já que o leitor agora tende a ser incrédulo. Mas, apesar de tê-la inventado, e devido à sua difícil execução, Wells teria descartado uma invasão deste planeta por marcianos invisíveis, porque isso já é pedir muito, o que atualmente é um erro da ficção científica, que acumula prodígios e não acreditamos em nenhum deles. Então, eu pensei: neste conto tudo tem que ser... trivial, escolhi uma das ruas mais cinzentas de Buenos Aires, a rua Garay, coloquei uma personagem ridícula, Carlos Argentino Daneri, comecei com a circunstância da morte de uma moça, e depois tive aquele fato central: o "Aleph", que é o que fica na memória. Acreditamos nesse fato porque antes nos contaram uma série de coisas possíveis e uma prova disso é que quando eu estive em Madri, alguém me perguntou se eu tinha visto o "Aleph". Nesse momento, eu fiquei atônito; meu interlocutor, que não seria uma pessoa muito sutil, me disse: "Mas como, se o senhor nos dá a rua e o número?" Bom, eu disse, que coisa mais fácil que mencionar uma rua e indicar um número? (*ri*). Então me olhou e me disse: "Ah, então o senhor não o viu". Imediatamente me desprezou: tinha reparado que eu era, bom, um mentiroso, que era um mero literato, que não tinha que dar importância ao que eu dizia (*ambos riem*).

Que o senhor inventava.

Sim, bom, e faz alguns dias me aconteceu algo parecido: alguém me perguntou se eu tinha o sétimo volume da enciclopédia de Tlön, Uqbar, Orbis Tertius. Então eu deveria ter dito que sim, ou que o havia emprestado, mas cometi o erro de dizer que não. "Ah – ele disse – então é tudo mentira".

Bom, mentira, eu disse, o senhor poderia usar uma palavra mais cortês, poderia dizer ficção.

Se continuarmos assim, a imaginação e a fantasia serão proscritas em qualquer momento.

É verdade. Mas o senhor estava dizendo algo quando interrompi.

Dizia que essa emoção sob a qual se escreve, neste caso, a emoção que encontramos na tradição platônica, criativa em sua essência, embora nesta época já não seja vista assim: ou seja, o amor foi rebaixado, diferente daquela tradição platônica que elevava, através da paixão, a uma visão de dois sexos que se encontram, e que são quase exclusivamente nada mais que isso, dois sexos.

Sim, foi rebaixado a isso.

Tirou-se a poesia dali.

Sim, bom, tem-se tentado tirar a poesia de todo lugar, na semana passada me perguntaram em diferentes ambientes... duas pessoas me fizeram a mesma pergunta, a pergunta é: para que serve a poesia? E eu disse: "Bom, para que serve a morte? Para que serve o sabor do café? Para que serve o universo? Para que sirvo eu? Para que servimos?". Que coisa mais estranha que perguntem isso, não é?

Tudo é visto em termos utilitários.

Sim, mas eu acho que, no caso da poesia, uma pessoa lê uma poesia, e se for digna dela, recebe-a e a agradece, e sente emoção. E isso não é pouco, sentir-se comovido por um poema não é pouco, é algo que devemos agradecer. Mas parece que essas pessoas não; parece que leram em vão, bom, se é que realmente leram, o que também não sei.

É que em lugar de consciência poética da vida, propõe-se a consciência sociológica, psicológica.

E política.

E política.

Sim, é claro, então entende-se que a poesia é boa se for feita em função de uma causa.

Utilitária.

Sim, utilitária, mas se não, não. Parece que o fato de que exista um soneto ou uma rosa é incompreensível.

Incompreensíveis, mas vão permanecer, apesar dessa moda "dessacralizante" e "despoetizante", digamos.

Mas, apesar disso, eu penso que a poesia não corre nenhum perigo, não é?

Claro que não.

Seria absurdo supor que sim. Bom, outra ideia muito comum nesta época é pensar que ser poeta significa algo especial, porque hoje se pergunta: qual é a função do poeta nesta sociedade e nesta época? Bom... a função de sempre: poetizar. Isso não pode mudar, não tem nada a ver com as circunstâncias políticas ou econômicas, absolutamente nada. Mas isso não se entende.

Voltamos à questão do utilitarismo.

Sim, é visto em termos de utilidade.

É o que o senhor me dizia há pouco: tudo é visto em função do sucesso ou falta de sucesso, de conseguir ou não aquilo que se pretende.

Sim, parece que todo mundo se esqueceu daquilo que diz um poema de Kipling, que fala do sucesso e do fracasso como sendo dois impostores.

É claro.

Ele diz que devemos reconhecê-los e enfrentá-los, porque ninguém fracassa tanto quanto acredita e ninguém tem tanto sucesso quanto acredita. O fracasso e o sucesso são verdadeiramente dois impostores.

Sim. Agora, voltando ao amor, entre os poetas, o amor continua sendo uma via de acesso, ou um caminho.

E tem que ser assim, quanto mais se estender a mais pessoas ou a mais coisas, melhor. Bom, não é necessário, basta acreditarmos em uma pessoa, essa fé nos mantém, nos exalta, e também pode nos levar à poesia.

Lembro que Octavio Paz dizia que, contra as diferentes modas, e contra os diferentes riscos que isso lhe criava na sociedade, o poeta sempre defendeu o amor. E acredito que isso é real. Mas além da tradição platônica, também nos afastamos da judaico-cristã, que propõe o amor como o meio de conformação ou de estruturação da família, e da própria sociedade.

Bom, parece que esta época se afastou de todas as versões do amor, não é? Parece que o amor é algo que deve ser justificado, o que é estranhíssimo, porque a ninguém lhe ocorre justificar o mar, ou um pôr do sol ou uma montanha: não precisam ser justificados. Mas o amor, que é algo muito mais íntimo que essas outras coisas, que dependem puramente dos sentidos, o amor parece que sim, curiosamente necessita ser justificado agora.

Sim, mas ao falar do amor, eu pensava na influência que ele teve na sua obra como inspiração, e como condutor de vários de seus contos e poemas.

Bom, eu acho que ao longo da minha vida sempre estive apaixonado, desde que eu lembro. Mas, é claro, o pretexto ou o tema (*riem ambos*) não foram o mesmo; foram, digamos, diferentes mulheres, e cada uma delas era a única. E assim deve ser, não é?

Sim.

De maneira que o fato de elas terem mudado de aparência ou de nome não é importante, o importante é que eu as sentia como únicas. Alguma vez pensei que uma pessoa apaixonada vê a outra da mesma maneira que a vê Deus, da melhor forma possível. Estamos apaixonados quando percebemos que a outra pessoa é única. Mas, talvez, para Deus, todas as pessoas sejam únicas. E vamos estender esta teoria, vamos fazer uma espécie de *reductio ad absurdum*: por que não supor que, da mesma maneira que cada um de nós é irrefutavelmente único, ou acredita que é irrefutavelmente único, por que não supor que para Deus cada formiga, digamos, é um indivíduo, que nós não percebemos essa diferença, mas que Deus sim a percebe?

Cada individualidade.

Sim, mesmo a individualidade de uma formiga, e por que não a individualidade de uma planta, de uma flor; e talvez também uma rocha, um penhasco? Por que não supor que cada coisa é única, e escolho deliberadamente o exemplo mais humilde: que cada formiga é única, e que cada formiga ocupa um espaço nessa prodigiosa e inextricável aventura que é o processo cósmico, que é o universo? Por que não supor que cada um serve para um fim? Eu devo ter escrito algum poema falando disso, mas o que mais me resta, a não ser me repetir aos 85 anos, não é? Ou ensaiar variações, que é a mesma coisa.

Sim, as preciosas variações. Mas, visto da forma que o senhor diz, sr. Borges, o amor pode ser uma forma de revelação.

Sim, é o momento em que uma pessoa se revela a outra. Bom, Macedonio Fernández disse que o... como dizer isso com decoro... disse que o ato sexual é uma saudação que se dão duas almas.

Que magnífico isso.
Esplêndida frase.

É evidente que ele havia chegado a uma compreensão profunda do amor.

Sim, me disse que é uma saudação, uma saudação que uma alma faz a outra.

É claro que, nesse caso, e como deve ser, o amor precede ao sexo.

Sim, evidentemente, já que o sexo seria um dos meios, e outro poderia ser, não sei, a palavra, ou um olhar, ou algo compartilhado, digamos, um silêncio, um pôr do sol compartilhado, não é? Também seriam formas do amor, ou da amizade, que é outra expressão do amor, é claro.

E tudo isso é magnífico.

Sim, e pode ser verdadeiro também, corre o belo perigo de ser verdadeiro.

Sócrates recomendava chegar a ser peritos em amor, como forma de sabedoria. Ele se referia obviamente à visão que eleva do amor, a visão platônica.

Sim, certamente.

SUA AMIZADE COM
ALFONSO REYES

Osvaldo Ferrari — *Faz já algum tempo que eu queria conversar com o senhor, Borges, sobre dois escritores mexicanos. Um deles, muito próximo da Argentina e do senhor, eu acho, é Alfonso Reyes, e o outro, Octavio Paz.*
Jorge Luis Borges — De Octavio Paz não posso falar com muita autoridade; não li nada dele, mas tenho uma esplêndida lembrança pessoal dele. Falemos de Alfonso Reyes.

Muito bem.

Eu o conheci no sítio de Victoria Ocampo, que fica, me parece, em San Isidro. Conheci Alfonso Reyes, e lembrei em seguida de outro poeta mexicano, Othón, de quem recordo este verso: "Vejo tuas costas e já esqueci tua fronte",[1] e depois "Maldito na lembrança e no olvido".[2] Isso parece ser de Almafuerte, não é? Então, Alfonso Reyes me disse que conheceu Othón, e que Othón frequentava a casa de seu pai, o general Reyes, que fez com que o matassem durante a Revolução Mexicana. Uma morte bastante parecida com a do meu avô, Francisco Borges, que fez com que o matassem após a capitulação de Mitre, em La Verde, em 1874. Alfonso Reyes me disse que viu Othón muitas vezes; então eu fiquei surpreso, porque quando você pensa nos autores, pensa em livros; a gente não pensa, bom, que os autores desses livros eram homens, e que houve gente que pode tê-los conhecido. Eu lhe disse: "mas como, o senhor conheceu Othón?" Então, Reyes encontrou rapidamente a citação adequada, que

[1] Veo tu espalda y ya olvidé tu frente.
[2] Malhaya en el recuerdo y el olvido.

eram versos de Browning, e me disse: *"Ah, did you want to see Shelley play?"*, que é a mesma situação: uma pessoa assombrada de que alguém possa ter conhecido Shelley, e eu assombrado de que ele conhecesse Othón. Mas o achado dessa citação foi, bom, um achado pessoal dele. Que curioso: nos romances japoneses, um dos hábitos das pessoas da corte é, quando querem dizer algo, não dizê-lo diretamente, mas citar um verso chinês ou japonês, que antecede o que querem dizer. E assim as coisas são ditas indiretamente. Outro mérito é reconhecer imediatamente a qual poema a pessoa se refere. Então, Reyes, naquelas primeiras palavras que trocou comigo, passou do meu "o senhor conheceu Othón?" para o *"Ah, did you want to see Shelley play?"*: a *memorabilia*, de Browning. Desde aquele momento ficamos amigos e ... ele me levou a sério. Eu não estava acostumado a ser levado a sério. Talvez seja um erro me levar a sério. Mas, de qualquer forma, esse erro foi difundido depois, mas naquele tempo era algo novo para mim. Ficamos amigos, também já nos unia o grande nome de Browning, e aquela oportuna citação, e ele me convidou para jantar (ele me convidava para jantar todo domingo) na embaixada do México, na rua Posadas. E ali estava ele, com sua mulher, seu filho e eu. E conversávamos até tarde, *"till the small hours"*, como se diz em inglês, "até as horas breves", não é? Falamos de literatura, preferentemente sobre literatura inglesa, e também falamos de Gôngora. Eu não partilhava, e não partilho completamente, do culto que ele professava a Gôngora, mas sabia de cor muitas composições de Gôngora. Falávamos de literatura... eu levei Ricardo Molinari para conhecer Reyes. Quando saímos, Molinari me disse: "É a noite mais feliz da minha vida". Claro, é uma frase feita, mas naquele momento era verdadeira, "conheci Alfonso Reyes". Efetivamente, o conheceu. Depois fui vê-lo com Francisco Luis Bernárdez também. Mas fui eu quem levou os outros. Depois, Reyes fundou uma revista chamada *Cuadernos del*

Plata, e me pediu que colaborasse, e eu lhe respondi, e ele me respondeu depois, lamentando o que eu dizia, que nessa revista colaboravam Leopoldo Marechal e Francisco Luis Bernárdez. Eu era muito amigo de Bernárdez e conhecia muito superficialmente Marechal, mas sabia que eram nacionalistas, e eu não queria publicar em uma revista na qual publicassem nacionalistas, uma vez que as pessoas confundem tudo facilmente, e teriam dito que eu me converti ao nacionalismo. Reyes me disse que lamentava minha ausência, mas que isso – evidentemente não precisou dizer –, não afetava em nada a nossa amizade (o fato de eu não publicar na revista). Depois, ele publicou um livro meu que deveria ter recusado e que agora eu tento esquecer: *Caderno San Martín*, e que foi ilustrado por Silvina Ocampo, eu acho.

Dedicado a Wally Zenner?

Não, havia uma composição dedicada a ela, só isso. Não. O livro não é dedicado a ninguém, não; havia um poema dedicado a Wally Zenner, um poema bastante fraco, que, bom, que depois omiti, porque realmente não lhe faz jus, e pode me desonrar, não é? Era muito, muito fraco.

(Ri) *Mas o senhor me disse que Alfonso Reyes, além de se preocupar com o senhor e de apoiá-lo, em alguma medida, também se preocupou com outros escritores.*

Certamente.

Inclusive com Macedonio Fernández.

Bem, no caso de Macedonio Fernández, eu levei os textos. Reyes não sabia nada de Macedonio, mas os aceitou para os *Cuadernos del Plata*. E ali publicaram aquele livro de Macedonio, que Macedonio não queria publicar, e que eu, bom, "roubei" um pouco. E corrigi as provas com Alfonso Reyes. Era *Papéis de recém-chegado*, foi o primeiro livro publicado por Macedonio. Ele não queria publicar, me dizia que escrevia para se ajudar a pensar, mas que não achava que o que ele escrevia tivesse algum valor literário. Fazia isso como ajuda para seu próprio pensamento. Muitos eram cartas que ele escreveu em tom de brincadeira. Ele não gostava da ideia da publicidade, achava que era um erro. E depois, anos após a morte de Macedonio, li uma biografia de Emily Dickinson. Nessa biografia, ela diz que publicar não é parte necessária de um destino literário, que um escritor pode não publicar. Bom, talvez tivesse razão. E me lembro de um caso análogo, o caso de um dos máximos poetas da Inglaterra, que já é muito: John Donne, quem, me parece, não publicou quase nada. Ele escrevia versos, ou pronunciava sermões, e isso circulava de forma manuscrita. Mas não acredito que ele tenha publicado algo, embora possa estar errado. No caso de Emily Dickinson, ela publicou em vida quatro ou cinco poemas, eu acho, e o resto foi encontrado nas gavetas do seu quarto. E um dos melhores contos de Herman Melville, *Billy Budd*, me parece que o senhor me disse que foi encontrado em uma das gavetas da sua escrivaninha. Melville não tinha pensado em publicá-lo, embora tenha publicado muitos livros, é claro. Por outro lado, percebo que atualmente se pensa na publicidade, ou, na verdade, se pensa na escrita como um meio para chegar à publicidade, à promoção. É isso o que acontece, parece incrível, outras épocas não entenderiam, mas agora acontece isso: pensa-se que o dito ou o manuscrito é irreal, mas que o impresso é real. Bom, na verdade o impresso dá certa firmeza às coisas, não é? E Alfonso Reyes me disse: "Publicamos para não passarmos a vida corrigindo os rascunhos". Ou seja, publicamos um livro para nos libertarmos dele, que é o que me acontece. A prova está em que, quando um livro meu é publicado, não sei se a crítica foi adversa, elogiosa, não sei se foram vendidos exemplares ou não. Tudo é uma questão de livreiros, ou talvez de editores, mas não de escritores.

Prescindia-se da ideia de sucesso, da ideia de difusão do nome através da palavra impressa.

Sim, e é natural que assim fosse, porque um escritor

quase não contava, ou contava muito pouco. E lembro que Arturo Cancela disse a meu pai: "Meus amigos dizem que eu vendo muito meus livros, para me desacreditar, porque dessa maneira eu fico como escritor popular, ou seja, ruim. Mas, a verdade, é que muito poucos são vendidos". Na verdade, eram muito vendidos, mas ele não gostava de dizer que vendiam muito. Porque se entendia que um escritor devia escrever para poucos. Aqueles versos de Stefan George – eu conheço a versão espanhola de Enrique Díez Canedo –, um grande amigo de Reyes, dizem: o poema, "de raros escolhidos é raras vezes prêmio". E Stefan George toma uma imagem de Henry James; essa imagem é de um livro de James que se intitula *The Figure in the Carpet*, a trama do tapete. Trata de um escritor que compara sua obra com um tapete persa, e, à primeira vista, esse tapete parece um caos, e depois você olha e repara que há um desenho, e entende-se que em toda obra existe um desenho, que, naturalmente, Henry James não revela qual é, mas, na última cena, quem narra a história, que é um crítico, está em um quarto, no chão há um tapete persa; está rodeado dos livros do mestre, e pensa chegar a descobrir qual é aquele desenho, deliberadamente oculto pelo autor. Bem, eu falei desse conto com Reyes, já falei sobre tantas coisas com Reyes! Ele teria desejado conhecer Ricardo Güiraldes, e nunca se conheceram. Ele escreveu um poema sobre esse desencontro, que, de uma maneira ideal, foi um tipo de encontro. E nesse poema, Reyes escreveu uma frase muito bela para a cerca, no meio do campo. Ele diz que o campo é tão vasto, fala da planície, que os escritores traduziram como "pampa", que dos dois lados se fica do lado de fora. Muito lindo, e é um pouco mágico, não é? Dos dois lados da cerca, na planície, fica-se do lado de fora. E Reyes usa essa imagem naquele poema dedicado a Güiraldes.

Sr. Borges, há um aspecto muito importante que o senhor compartilha com Alfonso Reyes. Se lembrarmos "Reloj de

Sol", ou "Visión de Anáhuac", ou aquele poema dele "Homero en Cuernavaca".

Não conheço esse poema, mas "Reloj de Sol" sim, e me lembro da epígrafe: "O relógio de Sol, aquele que dá as horas com modéstia". Isso é bom, não é? Sem badaladas, sem barulho de nenhum tipo. "Dá as horas com modéstia"... e há uma antologia... não sei se ele a menciona, ou se a fez Dorothy Sayers, sobre inscrições em relógios de sol. Existe uma clássica: "Só enumero as horas claras", que é muito lindo, porque se refere às horas de felicidade. E há outra inscrição, que diz: *"It is later than you think"*, é mais tarde do que você pensa, em um relógio de sol de um jardim da Inglaterra. E há algo como uma leve ameaça ali, não é? "É mais tarde", como se a morte ameaçasse a quem estiver lendo. "É mais tarde do que você pensa", ou seja, você está mais perto da morte, eu acho, não é?

Há outro poema relacionado a isso: "Piedra de sol", mas pertence a Octavio Paz.

Esse eu não conheço, mas creio que "Piedra de sol" se refere a um relógio de sol, não é?

Sim, o relógio de sol asteca.

É claro. "Piedra de sol" é um belo título, não é?

O que o senhor tem em comum com Alfonso Reyes é que ambos...

Bem, nosso amor pela literatura, e pelas literaturas.

Certamente.

Agora, evidentemente ele havia lido muito mais do que eu, ele me ensinou, bem... muitíssimas coisas, sim. Ele cultuava Homero, e eu devo fazer um esforço para admirar a *Ilíada*, exceto os cantos finais. E, por outro lado, leio e volto a ler a *Odisseia* e, como não sei grego, isso, de alguma maneira, é uma vantagem, já que me permite ler as muitas traduções da *Odisseia* que existem. Da mesma forma, minha ignorância do árabe me permitiu ler seis ou sete versões das

Mil e uma noites. De maneira que talvez seja conveniente ignorar os idiomas, pois assim podemos ler várias versões de um livro. Ignorando idiomas, como é meu caso em relação ao grego, ao árabe, bom, e a quase todos os idiomas do mundo, uma vez que o que um homem pode saber é muito pouco.

Unicamente por fatores cronológicos, sr. Borges, teremos que interromper esta conversa.

Gostaria de acrescentar uma galanteria que Alfonso Reyes teve com Victoria Ocampo. Uma vez lhe disse: "Novamente se falará da era vitoriana", falando dela.

Excelente.

Sim, foi muito bom, sim. Foi uma brincadeira, mas uma brincadeira cortês, uma homenagem.

ORIENTE, I CHING E BUDISMO

Osvaldo Ferrari — *Há um homem e um livro dos quais o senhor vai se lembrar, sr. Borges, e há um poema seu, que aquele homem colocou nas primeiras páginas desse longo livro, que ele traduziu do chinês para o espanhol através do alemão. Refiro-me ao* I Ching, *a David Vogelmann e a seu poema "Para uma versão do I Ching".*

Jorge Luis Borges — Sim, Vogelmann traduziu a versão alemã de Wilhelm. Li em um trabalho do sinólogo inglês Arthur Waley, que Wilhelm havia sido censurado por não ter traduzido exatamente o sentido, embora sim o sentido que os contemporâneos de Confúcio davam ao *I Ching*. Mas Waley diz que isso foi feito deliberadamente por Wilhelm. Bem, ele não traduziu os hexagramas, que são linhas inteiras ou partidas, mas o comentário; e o comentário é, de fato, o livro, não os desenhos. Embora o comentário também seja usado para fins de adivinhação. Em uma tradução de Chuang Tzu, os comentários são chamados *"alas"* (em chinês) e, nesse caso, não estão na nota de rodapé ou no final do volume, mas estão intercalados, com uma tipografia diferente, no texto. No *Livro das transformações*, Wilhelm comenta que, segundo os chineses, todo processo ou todo fato é possível em 64 formas diferentes. Eu diria que esse é um cômputo bastante moderado, tem que ser mais de 64. Dessa forma, uma pessoa, por exemplo, que vai empreender uma viagem, uma pessoa que vai iniciar uma relação amistosa ou amorosa, um imperador que vai empreender uma campanha, abre aleatoriamente o *I Ching* e vê qual dessas 64 formas recebeu. Evidentemente, a forma 64 corresponde ao número total de formas que podem ser dadas aos hexagramas, e não se pode ir mais além de 64. Alguns hexagramas constam de seis linhas inteiras, outros de seis linhas partidas e outros intercalados de diferentes maneiras, de linhas partidas e inteiras. Cada uma possui uma interpretação moral bastante arbitrária. Por exemplo, me parece que uma começa dizendo: "Esta linha sugere um homem que vai caminhando atrás de um tigre". Bem, isso é possível, não é? (*ri*); além disso, não se fala de homens caminhando atrás ou na frente de tigres em outras interpretações.

Enquanto a disjuntiva na Grécia parece ter sido Platão ou Aristóteles, na China parece ter sido Confúcio ou Laozi, que simbolizam duas linhas de visão de mundo totalmente diferentes.

Sim, embora haja tentativas de conciliá-los; por exemplo, creio que se diz em algum livro taoísta que Confúcio conversou com Laozi, e que, ao sair, ele disse: "Finalmente eu vi o dragão", e que disse que isso era a única coisa que podia explicar aquele encontro. No entanto, acredito que seja evidentemente falso; isso está no livro de Chuang Tzu.

Mas é muito interessante.

Sim, mas deve ser falso; além disso, é muito estranho que Confúcio, sendo um pensador totalmente oposto a Laozi, tenha dito isso. Nem sequer sabemos se foram contemporâneos ou não.

Chuang Tzu quis associá-los.

Acredito que sim e, além disso, quis que essa associação fosse a favor de Laozi e não de Confúcio. Creio que a palavra "Confúcio" foi inventada pelos jesuítas, deve ser o "mestre Kong" ou "Kung", mas eles lhe deram essa forma latina: Confúcio, e agora é a que sempre se segue, não é?

Nos últimos anos, talvez pela vinculação com suas viagens ao Japão, o senhor parece ter se aproximado mais das culturas e crenças do Oriente.

Bem, na verdade isso sempre aconteceu. Além disso, o

que nós chamamos "cultura ocidental" não é totalmente ocidental, já que, fundamentalmente, temos a influência do oriente sobre Pitágoras e sobre os estoicos. E também o fato da nossa cultura ser, de alguma forma, o diálogo dos gregos (vamos chamá-lo assim) e da Sagrada Escritura, que não é menos plural que os gregos, já que se trata de livros escritos por diferentes pessoas em diferentes épocas, muito diversas, por sinal. Por exemplo, parece impossível que o Eclesiastes tenha sido escrito pelo autor do Livro de Jó, e menos ainda pelo autor do Gênesis.

É curioso: nesta mesma emissora onde estamos falando, Vogelmann e Murena mantiveram, na última etapa de sua vida — da vida dos dois —, diálogos que talvez pudessem ser chamados de esotéricos por aqueles que os lerem, já que se publicou um livro que contém esses diálogos.

Eu não sabia que Murena tinha interesse nesses temas, pensava que era, na verdade, um romancista realista.

Era muito interessado, e tinha virado um especialista, como Vogelmann.

Também não sabia isso de Vogelmann.

Nesses diálogos se falava da Torá, do Tao, do I Ching, do hinduísmo, do hassidismo etc.

Sim, eu não sabia isso, mas, é claro, tudo o que eu sei, como no caso deles, é de segunda ou terceira mão, mas de alguma maneira, devemos saber das coisas. É melhor sabê-las de terceira mão do que ignorá-las, não é?

Se o senhor concordar, sr. Borges, eu gostaria de ler esse breve poema seu: "Para uma versão do I Ching".

Sim, esse poema foi lido e corrigido por Vogelmann. Lembro que me fez perceber que um verso era fraco, e eu tinha me resignado a esse verso, mas ele me instou a corrigi-lo, e me parece que interveio na correção também, beneficamente. Tenho que agradecer isso a ele.

E o apresentou nas primeiras páginas do seu I Ching, *que, como o senhor já sabe, é a melhor versão que temos nesta parte do mundo, a tradução de Vogelmann.*

Bom, ele a tomou de Wilhelm, não é?

Sim.

Certamente.

Então, se o senhor concordar, leio seu poema.

Sim, claro, mas não tenho certeza de poder entendê-lo (*ambos riem*). Sim, me pediram um prólogo e eu me resignei a esse tema. Mas não sei exatamente o que digo ali, vamos ver...

> *O porvir é tão irrevogável*
> *Como o rígido ontem...* [1]

Bem, essa é a ideia fatalista, eu acho.

> *Como o rígido ontem. Não há uma coisa*
> *que não seja uma letra silenciosa*
> *da eterna escrita indecifrável*
> *cujo livro é o tempo...* [2]

Essa é a ideia de Carlyle, que diz que a história universal é um livro, que estamos obrigados a ler e a escrever incessantemente. E depois acrescenta, e isso é terrível, "no qual também somos escritos". Ou seja, não só escrevemos e lemos, mas também somos letras desse texto, já que cada um de nós, por mais modesto que seja, faz parte dessa vasta criptografia chamada "história universal". Bem, e eu começava, então, o poema com a doutrina fatalista, não é? Agora, não sei, eu diria que talvez o futuro seja irrevogável, mas o passado não é, uma vez que cada vez que nos lembramos de

---

[1] El porvenir es tan irrevocable/ Como el rígido ayer...

[2] Como el rígido ayer. No hay una cosa/ que no sea una letra silenciosa/ de la eterna escritura indescifrable/ Cuyo libro es el tiempo...

algo, o modificamos – devido à pobreza ou riqueza da nossa memória, conforme queiramos ver. De maneira que não sei.

No jogo do esquecimento e da memória.
Sim, por que não começa de novo desde o princípio?
Claro:

> *O porvir é tão irrevogável*
> *Como o rígido ontem. Não há uma coisa*
> *que não seja uma letra silenciosa*
> *da eterna escrita indecifrável*
> *cujo livro é o tempo...*

Carlyle, evidentemente.

> *Cujo livro é o tempo. Quem se afasta*
> *de sua casa já retornou...* [3]

Bom, está bem dito, não é?

Não só isso, mas seria aprovado por um budista.

E, além disso, é dito de uma maneira levemente assombrosa, não é? Porque não diz "sabe-se que retornará", não, diz-se que, ao sair já retornou, o que vem a ser como um ato mágico. E essa sugestão de magia não é incômoda, e possui uma virtude estética que os outros versos não possuem.

Segue uma ideia que reverte no mesmo sentido:

> *Nossa vida*
> *é a senda futura e percorrida.* [4]

"A senda futura e percorrida". Bem, agora eu quero lembrar um dos meus autores preferidos, Oscar Wilde. Oscar Wilde disse, e talvez acreditou – em todo caso, acreditou naquele momento –, que cada homem é, em cada instante da

[3] Cuyo libro es el tiempo. Quien se aleja/ De su casa ya ha vuelto...
[4] Nuestra vida/ es la senda futura y recorrida.

sua vida, tudo o que foi e tudo o que será. Agora, no caso de Wilde, isso é terrível: isso quer dizer que ele, em suas épocas de prosperidade, de felicidade, já era o homem encarcerado. E, ao mesmo tempo, quer dizer que quando estava na prisão, continuava a ser o homem afortunado de antes.

O autor de O retrato de Dorian Gray *já era o autor de* A balada do cárcere de Reading *e de* De Profundis.

Sim, e o homem, digamos, infame, já era o homem querido e aplaudido. Além disso, cada um de nós é a criança que foi e que esqueceu, não é? E é o idoso, e talvez, também seu renome — se o tiver — póstumo.

Continuo com seu poema:

Nada nos diz adeus. Nada nos deixa
Não te rendas. O ergástulo é escuro,
a firme trama é de incessante ferro...[5]

Essa é a linha que me fez modificar, ou que melhorou, Vogelmann. Porque "incessante" está bem, não é? Se tivesse dito "firme", ou "sólido", isso não teria força, mas "incessante" sim, porque parece que o ferro é algo que continua, que é algo vivo. É como se o ferro fosse... bom, o tempo é uma espécie de rio de ferro.

Mas em algum canto de teu encerro
pode haver um descuido, uma fenda
O caminho é fatal como a flecha
Mas nas gretas está Deus, que espreita.[6]

Agora lembro que a contribuição de Vogelmann foi em relação a ergástulo, porque eu não havia encontrado a palavra "ergástulo", estive procurando-a, e depois vi que era

[5] Nada nos dice adiós. Nada nos deja/ No te rindas. La ergástula es oscura,/ la firme trama es de/ incesante hierro...

[6] Pero en algún recodo de tu encierro/ Puede haber un descuido, una hendidura/ El camino es fatal como la flecha/ Pero en las grietas está Dios, que acecha.

precisamente o que me convinha. Agora, segundo Flaubert — mas essa é uma teoria pessoal dele —, a palavra eufônica é sempre a mais justa. Mas eu me permito duvidar, talvez nos pareça mais justa porque é eufônica. Caso contrário, seria muito estranho, não é?

Não sei se já reparou, sr. Borges, que em nenhum outro poema o senhor fala tão concretamente de Deus como o faz neste poema. E, além disso, diz que nos espreita.

Sim, mas... também há a necessidade de fabricar um soneto (*ri*), de concluí-lo de uma maneira eficaz; a palavra "Deus" é, sem sombra de dúvida, eficaz. Também tem isso, sim.

Talvez o senhor lembre que Toynbee disse que um dos acontecimentos mais importantes do nosso século seria a chegada do budismo ao Ocidente; o conhecimento do budismo pelo homem ocidental.

Bom, isso já está acontecendo; há mosteiros budistas nos Estados Unidos, no Brasil; há lugares de retiro, de meditação budista em muitos países ocidentais. Eu me lembro de um livro — mas só me lembro do título —, *A descoberta do Ocidente pelos chineses*, ou *A descoberta da Europa pelos chineses* que viria a ser o contrário, não é? Pensamos que a Europa está continuamente descobrindo o Oriente — pensamos em Marco Polo, nas cruzadas, no livro das *Mil e uma noites*, na descoberta da filosofia da Índia e da China durante o século XX — que prossegue agora. Ultimamente descobriu-se a literatura japonesa. Tudo isso faz parte de um jogo que nos fará esquecer que somos orientais ou ocidentais, e que nos unirá a todos. Talvez sejam várias as fontes da nossa cultura.

Talvez se consiga finalmente, ou finissecularmente, lá pelo ano 2000, a síntese contemporânea da cosmovisão ocidental e oriental, em uma terceira que reúna as duas.

Sim, e que já começaria com o cristianismo, no qual, é claro... bem, a Idade Média vem a ser uma espécie de reconciliação de Aristóteles com os autores da Sagrada Escritura, não é?

Sim. Sr. Borges, recordamos Vogelmann, o I Ching, o Oriente e Ocidente, e sua aproximação ao mundo oriental nos últimos anos.

Sim, e eu gostaria de conhecê-lo mais, é claro. Entre meus livros, há um sobre o *Ramayana*, em dois volumes; vou ver se alguém que saiba alemão me lê esse livro. Sim, o Oriente sempre me interessou, desde *As mil e uma noites*, e desde a leitura de um poema de Arnold sobre a lenda de Buda.

SOBRE OS SONHOS

OSVALDO FERRARI – *Sr. Borges, hoje gostaria de voltar a um assunto que o senhor desenvolveu em livros, poemas e em conversações: o tema dos sonhos. Lembrei de seu* Livro dos sonhos *e também seu poema "O sonho", que eu gostaria de ler. Também lembrei que, ultimamente, o senhor tem identificado o ato de escrever com o ato de sonhar.*

JORGE LUIS BORGES – Sim, o ato de viver com o de sonhar também. Bom, a filosofia idealista, é claro. Agora, quanto ao ato de escrever, lembro de uma passagem de Allison, tomado do "Spectator", aproximadamente a meados do século XVIII, no qual ele diz que, quando sonhamos, somos, ao mesmo tempo, o teatro, os atores, a peça e o autor; somos tudo isso ao mesmo tempo. E essa imagem também se encontra em Góngora, que diz: "O sonho, autor de representações em seu teatro sobre o vento armado, sombras soe vestir, de vulto belo".[1] A frase "sombras soe vestir" foi colhida por José Bianco como título de um livro dele. Agora, se o fato de sonhar fosse uma espécie de criação dramática, então aconteceria que o sonho é o mais antigo dos gêneros literários, inclusive anterior à humanidade, porque, como lembra um poeta latino, os animais também sonham. E viria a ser um fato de índole dramática, como uma peça na qual somos o autor, o ator e também o edifício, o teatro. Ou seja, à noite, todos somos, de alguma maneira, dramaturgos.

Somos o autor e o ator ao mesmo tempo, porque quem sonha estaria desdobrado em quem atua nas cenas do sonho.

[1] Versos extraídos do soneto "Varia imaginación" ("El sueño, autor de representaciones en su teatro/ sobre el viento armado, sombras suele vestir, de bulto bello").

Sim, toda noite seríamos tudo isso, ou seja, que todo homem possui essa capacidade estética, e, especificamente, dramática, que é a de sonhar. Agora, comigo acontece o seguinte: bem, como infelizmente fiz 84 anos, eu já conheço meus sonhos. De maneira que, há muito tempo, quando sonho, eu sei que sonho. Às vezes isso dá medo, porque temo que aconteçam coisas espantosas. Mas, de certa forma, também aprendi a reconhecer e domesticar meus pesadelos. Por exemplo, no meu caso, o pesadelo mais frequente é o pesadelo do labirinto. O labirinto tem cenários diferentes; pode ser esta sala onde conversamos, pode ser — e muitas vezes o é — o edifício da Biblioteca Nacional na rua México, um lugar de que eu gosto muito, eu dirigi durante muito tempo a biblioteca. E em qualquer parte do mundo onde estiver, costumo estar no bairro de Monserrat, à noite, quando sonho, quando sonho especificamente com a Biblioteca, na rua México, entre o Peru e a Bolívar. Meus sonhos comumente se situam ali. Então, eu sonho que estou em um lugar qualquer e depois, por algum motivo, quero sair desse lugar. Consigo fugir, e novamente me encontro em um lugar exatamente igual, ou no mesmo lugar. Agora, isso se repete um par de vezes, e então já sei que é o sonho do labirinto. Eu sei que isso continuará se repetindo indefinidamente, que esse quarto será sempre o mesmo, e o quarto contíguo será o mesmo, e o contíguo do contíguo também. Então eu digo: bem, é o pesadelo do labirinto, tenho que tentar tocar a parede, e tento tocá-la e não consigo. Acontece que realmente não mexo o braço, mas sonho que o mexo. E depois de um tempo, eu acordo, fazendo um esforço. Se não for isso, a seguinte aparição também é frequente: sonho que já acordei; mas que acordei em outro lugar, que também é um lugar onírico, um lugar do sonho (*ri*).

Suponho que o senhor reconhecerá também o sonho dos tigres, armas brancas e espelhos.

Com espelhos sim, mas não com armas brancas e tigres.

Há muitos anos eu sonhava com isso, agora não, essas coisas perderam sua força, perderam seu horror.

Mas se repetem em seu "universo pessoal".

Sim, na minha literatura, mas não nos pesadelos, os pesadelos são... o labirinto. Falando em labirintos, há pouco tempo estive no palácio de Cnossos, que supostamente é o labirinto de Creta, pois seria muito estranho que houvesse dois edifícios quase infinitos, um do lado do outro, o labirinto e o palácio, e que o labirinto tenha se perdido.

Se o senhor concordar, gostaria de ler seu poema "O sonho" para comentá-lo.

Bom. Não me lembro dele.

Tudo bem. Eu vou lembrá-lo.

Bem, muito bem, e eu ficarei arrependido de tê-lo escrito, sem dúvida. (*Ri*)

> *Quando os relógios da meia-noite prodigalizarem*
> *Um tempo generoso,*
> *Irei mais longe que os navegantes de Ulisses*
> *À região do sonho, inacessível*
> *À memória humana.*
> *Dessa região imersa resgato restos*
> *Que não acabo de compreender...* [2]

Sim, inacessível à memória humana porque, ao lembrar um sonho, talvez o modifiquemos. Ou seja, o mundo dos sonhos talvez seja muito diferente. Um escritor pensou que os sonhos não eram sucessivos. Mas, como temos o hábito, como vivemos no tempo, que é sucessivo, quando o lembramos lhe damos uma forma sucessiva. E talvez ao sonhar não,

[2] Cuando los relojes de la medianoche prodiguen/ Un tiempo generoso,/ Iré más lejos que los bogavantes de Ulises/ A la región del sueño, inaccesible/ A la memoria humana./ De esa región inmersa rescato restos/ Que no acabo de comprender.

talvez, de alguma maneira, tudo seja interno ou contemporâneo quando sonhamos. Continuemos.

Continua dizendo:

> *Ervas de simples botânica,*
> *Animais algo diversos,*
> *Diálogos com os mortos...* ³

"Ervas de simples botânica", porque imagino que as plantas com as quais eu sonho são bastante vagas, não é? (*ri*)

> *Rostos que realmente são máscaras,*
> *Palavras de linguagens muito antigas...* ⁴

Sim, "rostos que realmente são máscaras" porque são meramente superficiais, já que não há ninguém atrás desses rostos, são simplesmente rostos. Por isso, em outro poema meu, eu falo de "cerva de um só lado",⁵ porque é o lado que eu vejo. Do outro lado não há nada.

> *E às vezes um horror incomparável*
> *ao que nos pode dar o dia...* ⁶

Sim, acredito que o pesadelo tenha um sabor especial que não se parece com o horror que sentimos na vigília, e que poderia ser, bem, poderia ser uma prova de que o inferno existe, de que entrevemos algo, mais além de toda experiência humana.

É uma teoria plausível.

Sim.

Na última parte diz:

---

³Hierbas de sencilla botánica,/ Animales algo diversos,/ Diálogos con los muertos.
⁴Rostros que realmente son máscaras,/ Palabras de lenguajes muy antiguos.
⁵Cierva de un solo lado
⁶Y a veces un horror incomparable/ Al que nos puede dar el día...

Serei todos ou ninguém. Serei o outro
Que sem sabê-lo sou, aquele que olhou
Esse outro sonho, minha vigília. A julga,
Resignado e sorridente.[7]

Chama minha atenção o maravilhoso desdobramento que se produz entre quem sonha e quem atua no sonho. Ou seja, a mesma pessoa se sonhando.

Sim, é verdade. E eu escrevi esse poema? Parece que sim, não é? Porque eu o havia esquecido completamente.

Sem sombra de dúvida, é seu.

Bom, me resigno, por que não? E, além disso, não está ruim.

De jeito nenhum, é muito bom. Também se poderia pensar que a beleza — da qual já falamos em outras oportunidades — é mais acessível à sensibilidade do homem durante o sonho do que na vigília; se pensarmos na perfeição dos arquétipos, que Platão também concebe mais evidentes no sonho.

Bom, eu diria que a beleza e o horror também, uma vez que os sonhos incluem o pesadelo.

Sim.

Mas seriam duas perfeições, ou duas intensidades. Embora também haja sonhos lânguidos.

Agora me lembro de um poema de Silvina Ocampo, no qual há uma linha que diz: "Com a beleza e o horror como guias."[8]

Está bem, a beleza e o horror, ambas as coisas.

Ambas as coisas unidas.

Sim, ambas as coisas podem ser estímulos, bom... tudo deveria ser um estímulo para o poeta. Todas as suas experiências deveriam ser um estímulo. Há uma passagem na

---

[7] Seré todos o nadie. Seré el otro/ Que sin saberlo soy, el que ha mirado/ Ese otro sueño, mi vigilia. La juzga,/ Resignado y sonriente.

[8] Con la belleza y el horror por guías.

Odisseia que diz que os deuses dão desventuras aos homens para que as gerações vindouras tenham algo para cantar. E isso seria um modo mais poético de dizer aquilo que Mallarmé disse de uma forma mais prosaica: "Tudo acaba em um livro". Mas acho melhor a imagem homérica: "gerações humanas", e depois "algo para cantar". Por outro lado, "tudo acaba em um livro" parece uma ideia meramente literária, não é? E que é um pouco prosaica.

Mas a ideia é a mesma, a ideia de que tudo acontece com um motivo estético. Agora, poderíamos estender essa ideia aos deuses, ou a Deus, poderíamos supor que tudo acontece não para sofrermos ou desfrutarmos, mas porque tudo possui um valor estético, e com isso teríamos uma nova teologia, baseada na estética. Bem, muitas coisas poderiam sair dessa nossa reflexão.

Sim. Agora me ocorre outra extensão da nossa reflexão: se nós, argentinos, somos – como especulamos em outras conversas sobre essa possibilidade – "euro-americanos", devido à nossa procedência europeia...

Eu não tenho dúvida nenhuma. De qualquer forma, eu me sinto pouco pampa, pouco guarani (embora digam que eu tenho uma gota de sangue guarani). Mas, enfim, isso não me preocupa.

Se um argentino possui, por exemplo, trinta gerações na Europa e duas ou três ou quatro ou cinco na Argentina, na sua memória...

Bom, eu tenho muitas gerações. Por um lado, eu tenho muitas gerações neste país, mas, é claro, essas gerações não eram especialmente americanas; eram europeus no desterro. Bom, como somos todos nós, eu acho.

De qualquer forma, seriam menos que as que teria tido na Europa, naturalmente, ao provir da Europa.

Ah, certamente, bem menos.

Então, minha conjectura é que na memória do argentino,

e em seus sonhos, a Europa pode ser sonhada de uma maneira particular, ou seja, através de uma memória ancestral, que registraria o sonho da Europa em todos os tempos.

E também o fato de estarmos continuamente pensando na Europa; estamos lendo livros europeus, ou seja, a nossa imaginação é mais europeia que, bom..., araucana, digamos, que de araucana não tem nada, não é? (*ri*)

Sim, é isso apesar das novidades que vêm da América do Norte ou do Japão...

Bom, mas é que a América do Norte está como nós. A América do Norte também viria a ser Europa no desterro. Poucos norte-americanos são "peles-vermelhas", e mesmo esses peles-vermelhas não devem sua cultura... bom, é uma cultura europeia a deles, não é uma cultura própria.

O que quero dizer é que se a Europa persiste entre nós, então de alguma forma deve persistir na memória ancestral e, consequentemente, nos sonhos.

Nos sonhos, na memória ancestral e em nossa experiência diária, uma vez que nossa experiência diária é mais parecida com a Europa do que com, bom, com a experiência que podem ter tido Pincén ou Catriel,[9] não é?

Sim, porque mesmo nos incorporando ao mundo americano – se é que já podemos definir um mundo americano –, de um jeito ou de outro isso é uma integração euro-americana, porque existe uma parte europeia inegável que se incorpora à terra americana.

Eu iria mais longe, eu diria que a ideia de América não é uma ideia de índios; é uma ideia europeia. Bom, e uma prova é que, por exemplo, quando nos Estados Unidos foi feito o que se chama "*The Winning of the West*" (a conquista do Oeste) e aqui, a Conquista do Deserto, havia tribos de índios que eram índios amigos. Ou seja, eles não tinham a consciência de uma guerra entre duas raças. Os índios

[9] Dois caciques dos pampas.

de Coliqueo, os índios de Catriel, eram índios amigos, que brigavam com outros índios. Eles também não conceberam aquilo — como nós, depois — como uma guerra de duas raças. Não; esses índios deviam lealdade a certo cacique, e esse cacique era amigo dos cristãos.

Exceto em países como México ou Peru, onde a guerra entre as duas raças foi resolvida com a união das duas raças, formando uma terceira, que é a atual. No Peru ou no México.

Sim, imagino que foi isso que aconteceu. Mas eu não sei até que ponto a cultura mexicana ou a cultura asteca ou a cultura inca no Peru perduram. Perduram apenas como curiosidades. Em todo caso, mais do que aqui.

No entanto, mais do que aqui...
Mas não muito mais, não é?

Mas ali haveria uma simbiose racial concreta, não imaginária, do espanhol e do índio.

Sim, existiria isso.

Diferente da Argentina.
Certamente. Bom, mas isso é coisa deles.

SOBRE RICARDO GÜIRALDES

Osvaldo Ferrari — *Nestes dias, sr. Borges, associei o dia 25 de maio e a lembrança de um homem muito querido por todos nós. Estou falando de Ricardo Güiraldes.*
Jorge Luis Borges — Sim, a associação é fácil.

Muito querido, muito lembrado, e até oficialmente lembrado, já que nas escolas deve ser lido obrigatoriamente.

Bom, eu não acho que isso seja conveniente para um escritor. Estive falando com um italiano que me disse que na escola foi obrigado a ler Dante e que, naturalmente, toda literatura que é obrigatória é desagradável e ele não gostou. Anos depois, leu e descobriu que era muito bom. Então, eu não sei se é conveniente ser uma leitura obrigatória. Em todo caso, eu não gostaria que meus livros fossem de leitura obrigatória, uma vez que obrigatório e leitura são duas palavras que se contradizem, porque a leitura tem que ser um prazer, e um prazer não tem que ser obrigatório, tem que ser algo que se procura de maneira espontânea, sim.

Certo. Agora, o senhor sempre se lembra de Güiraldes com prazer, mas mais como amigo do que como escritor...

Porque as lembranças pessoais que eu tenho são mais vívidas que as lembranças de sua leitura.

Isso no caso de Güiraldes.

No caso de Güiraldes, sim. Agora, eu destaquei em algum soneto esquecível e esquecido, que a cortesia dele era o aspecto mais imediatamente visível de sua bondade. Bom, eu gostaria de acrescentar agora que precisamente essa palavra, "cortesia", me faz lembrar *Don Segundo Sombra*. Porque quase todos os escritores que anteriormente haviam tratado do *gaucho* haviam escolhido aquilo que Sarmiento chamou, bom, uma das espécies do gênero: o *gaucho* mau, o *matrero*. É verdade que Ascasubi cantou o *gaucho* dizendo: "Os *gauchos* da República Argentina e Oriental, cantando e combatendo até derrubar o tirano Rosas e seus satélites". Bom, Ascasubi o teria lembrado como soldado nos exércitos unitários, ou do *Partido Colorado* na República Oriental quando canta a vitória de Cagancha. Mas, depois, em *Os gêmeos de La Flor*,[1] Ascasubi o lembra como *matrero* e, curiosamente, usa a palavra *malevo*,[2] usa a palavra *malevo* quando esperaríamos *matrero*. Bom, no caso de Martín Fierro, ele de fato é um *matrero*, um desertor, um assassino, bom... passa para o lado dos índios etc. Nos romances de Eduardo Gutiérrez, as personagens que ele escolhe, Hormiga Negra, os irmãos Barrientos, Moreira, também são tipos de *matreros*. Por outro lado, Güiraldes quis destacar o *gaucho* como homem de paz, como homem tranquilo, como homem cortês. E escolheu *Don Segundo Ramírez Sombra*, que era o capataz, de Santa Fé, de sua fazenda "La Porteña", na província de Buenos Aires. Bom, e é algo novo. Agora, eu notei outra coisa: quando eu conheci Güiraldes, ele me perguntou – foi quase a primeira pergunta que ele me fez – se eu sabia inglês. Agora, naquela época, saber inglês era algo um pouco raro. Agora não, agora todo mundo mais ou menos sabe, ou adivinha, que é o que acontecia antes com o francês. Bom, ele me perguntou se eu sabia inglês, e eu lhe respondi que mais ou menos. "Que sortudo – me disse – você pode ler Kipling no original." Agora, eu acho que ao falar de Kipling – ele o havia lido em versões francesas, já que não possuía o inglês – ele pensava em *Kim*. É curioso, mas o entorno de *Kim* e de *Don Segundo Sombra* é o mesmo. Ou seja, é uma sociedade, um país entrevisto através de dois amigos, sendo que um deles é um homem já mais velho, um homem já

---

[1] *Los mellizos de La Flor*.
[2] Mau, pérfido.

idoso, que viria a ser o lama em *Kim*, e o tropeiro Don Segundo Sombra, no romance de Güiraldes; e o outro é um rapaz. É o mesmo esquema que havia aparecido em *Huckleberry Finn*, de Mark Twain. Agora, através de *Don Segundo Sombra* vemos a província de Buenos Aires, eu diria que não a província de quando Güiraldes escreveu o livro, mas a província de Buenos Aires da infância de Güiraldes, já que se entende que tudo acontece, não diria que muito longe, diria que faz bastante tempo. Bem, então, em *Kim*, temos o lama e o rapaz (Kimbord), e em *Don Segundo Sombra*, temos o narrador, que é um rapaz de San Antonio de Areco, e o tropeiro Don Segundo. Então, o esquema viria a ser o mesmo. Agora, é claro que por trás de *Don Segundo Sombra* existe uma vida bastante aprazível na província de Buenos Aires: as fazendas, o arreio, alguns episódios nativos intercalados. Por outro lado, por trás de *Kim* está a vasta e numerosa Índia, não é? (*ri*). Mas nos dois casos existe uma sociedade entrevista através dos dois amigos de idades muito diferentes.

Mas, agora que o senhor menciona a vastidão, eu lembro que ninguém falou do pampa com esse sentido místico com que falou Ricardo Güiraldes.

Eu perguntei a Güiraldes por que ele havia usado a palavra "pampa", que nunca se usa no campo, e a palavra "gaucho". Ele me disse: "Bom, é porque eu escrevo para portenhos". Sim, ele sabia que no campo ninguém diz "pampa", e "gaucho" é uma palavra, bom, na verdade, depreciativa, não é?

Mas o senhor concorda que a dimensão que ele atribui à planície é original, comparada com a que outros escritores usaram antes? Ele vê nela uma perspectiva mística, uma perspectiva de purificação para as pessoas deste país, um âmbito de regeneração, digamos.

Sim, mas não sei se isso aconteceu. A província de Buenos Aires hoje é habitada por... bem, eram colonos espanhóis ou italianos... não sei se foram especialmente purificados pela planície.

Ele (Güiraldes) diz que a planície...

A planície é igual em todos os países do mundo. Por exemplo, eu estive em Oklahoma e na província de Buenos Aires, e, sem dúvida... bem, se estivesse nas estepes seriam iguais. Por outro lado, as serras não; cada montanha é diferente, não é? Por exemplo, os Pirineus se parecem com os Alpes; os Alpes não se parecem com as Montanhas Rochosas. As Montanhas Rochosas sim, se parecem com a Cordilheira. Não, mas também são diferentes. Por outro lado, a planície é igual em todo lugar.

No entanto, Güiraldes dizia particularmente o seguinte: que nessa aparência de território plano, em que nada se destaca, havia mil acidentes, invisíveis à primeira vista, mas que, depois de conhecê-la, poderiam ser apreciados e valorizados.

Quem conhece bem, sabe disso, sim. Agora, é claro que a paisagem é algo que as pessoas do campo não sentem, porque... é claro... esse é um dos méritos do *Martín Fierro*, que nunca se descreve a planície e, no entanto, podemos senti-la, não é?

Sim.

> A gente vem meio dormindo
> quando volta do deserto
> verei se a me explicar acerto
> com pessoas que de honra são
> se ao sentir o violão
> dos meus sonhos me desperto.[3]

---

[3]Viene uno como dormido/ cuando vuelve del desierto/ veré si a explicarme acierto/ entre gente tan bizarra/ si al señor la guitarra/ de mis sueños me despierto.

Quando a haviam passado
uma madrugada clara
lhe disse Cruz que olhara
as últimas aldeias
e Fierro duas gotas cheias
deixou rodar pela cara.[4]

As últimas aldeias, as últimas casas, e depois o deserto, por onde andavam os índios nômades, diferente do *gaucho*, que era sedentário. Mas deveríamos falar algo mais sobre Güiraldes; Güiraldes foi extremamente bom comigo. Aliás, me chamava tanto a atenção que me levasse a sério, e não sei se ainda estou acostumado, acho que não. Há pouco recebi um doutorado em Creta, e fiquei surpreso. Pensei: "Que estranho, eu chego a um país, e aqui tem gente de uma universidade que me honra, caramba, pessoas muito generosas e também muito enganadas". O mesmo aconteceu com Güiraldes quando o conheci, através de Brandán Caraffa. Ele morava em um hotel na rua San Martín. Não me lembro do nome do hotel, esse hotel ficava entre Córdoba e Viamonte, não sei como se chama, e eu conheci Güiraldes ali. E foi graças a uma artimanha de Brandán Caraffa. Foi assim: Brandán Caraffa veio me ver e me disse que esteve conversando com Pablo Rojas Paz e com Güiraldes sobre a possibilidade de iniciar uma revista em que estivesse representada, bem, a juventude literária daquela época, estou falando do ano... não sei, 1925 ou 26, minhas datas são muito vagas. E que os três concordaram e disseram: "Não, essa revista não pode prescindir de Borges". Eu me senti muito lisonjeado. Então, ele me levou ao hotel onde se hospedava Güiraldes. Ele conhecia Güiraldes e Güiraldes me disse: "Me sinto muito lisonjeado, eu sei que o senhor esteve falando com Brandán

[4] "Cuando la habían pasao/ una madrugada clara/ le dijo Cruz que mirara las últimas poblaciones/ y a Fierro dos lagrimones/ le rodaron por la cara".

Caraffa, e que pensaram que uma revista de jovens não poderia prescindir de mim".

E assim começou Proa?

Assim começou *Proa*. Pouco depois chegou Pablo Rojas Paz, e me disse: "Me sinto muito lisonjeado". Então eu olhei para Brandán e lhe disse: "Sim, conversamos com Brandán e Ricardo Güiraldes e pensamos que uma revista jovem não poderia prescindir do senhor" (*ri*). Então, com essa pia mentira de Brandán Caraffa, nós quatro ficamos amigos e fundamos a revista *Proa*. Mas isso custou um pequeno sacrifício, é claro: éramos quatro; cada um de nós teve que dar cinquenta pesos. E assim foi feita a revista, que custou duzentos pesos e foram impressos duzentos números. A vida, então, era um pouco diferente. Eu fiquei muito amigo de Güiraldes e ele ficou muito amigo de casa, e lembro que uma vez, ele tinha vindo almoçar em casa, minha mãe lhe recordou que havia esquecido seu violão — tocava muito bem e, além disso, cantava como no campo. Então, Güiraldes disse: "Bem, esse esquecimento foi deliberado. Como já disse, em breve eu vou para a Europa, e gostaria que alguma coisa minha ficasse nesta casa". Então, muito delicadamente, ele deixou o violão. Nós guardávamos o violão de Güiraldes em casa, e as pessoas que nos visitavam o tocavam, porque naquela época havia muita gente que tocava violão, o que agora não acontece.

Agora compreendo mais o estilo dessa cortesia dele que o senhor menciona.

Sim, bom, é um traço muito, muito delicado.

Sim.

Agora, eu me lembro de ter conhecido a biblioteca de Güiraldes, e me lembro das duas salas: uma era de obras dos simbolistas franceses e belgas, e a obra completa de Lugones. Porque Güiraldes tinha o culto a Lugones, como também o teve toda minha geração, e o atacávamos um pouco para nos defender desse culto, para que fosse menos notória a gravitação que Lugones exercia sobre nós. E, na outra sala da biblioteca, todos os livros eram de teosofia. Por exemplo, havia o livro de Madame Blavatsky. Todos em francês. E eu falei algo dos alemães para Güiraldes, mas Güiraldes tinha... conservava aqueles preconceitos da guerra de 1914, e pensava: "É claro, os alemães, cabeça quadrada, como vão entender?". Foi inútil que Xul Solar e eu repetíssemos que quase todos os estudos feitos, por exemplo, sobre budismo, eram de autores alemães. Ele não admitia os alemães. Um conceito assim, bem, um conceito que corresponde a essa primeira guerra civil europeia que agora se chama Guerra Mundial, sim: 1914–1918. Agora, eu me lembro da cortesia de Güiraldes, e de sua ironia também. E depois, o culto à amizade. Por exemplo: ele era muito amigo de Valéry Larbaud, um escritor francês mais ou menos esquecido agora. Então, cada vez que se falava de Paul Valéry, ele fingia acreditar que se tratava – se alguém falasse em Valéry – de Valéry Larbaud (*ri*). Então, tinha que explicar que era Paul Valéry, e ele dizia: "Ah, esse afetado", mas isso não era por hostilidade contra Paul Valéry, mas por lealdade a Valéry Larbaud. Por isso, um dos peões de *Don Segundo Sombra* se chama Valerio, porque foi como um cumprimento de Güiraldes a Valéry Larbaud.

Agora, é interessante o que o senhor comenta sobre a iniciação de Güiraldes em temas como a teosofia e a mística.

Ele era muito interessado em teosofia.

Porque, de alguma forma, ele acaba aplicando isso à nossa paisagem.

Sim, é verdade.

Se o senhor reparar, em seu livro El Sendero, *percebe-se claramente a aplicação. Por isso eu comentava antes sobre as dimensões que ele atribui ao pampa, provavelmente aplicando esses conhecimentos teosóficos e místicos à nossa paisagem.*

Sim, é uma interpretação verossímil. Agora sei que ele era muito interessado, e há um capítulo de *Don Segundo Sombra* no qual, creio, ele me disse que Don Segundo exorciza um possuído, não é? E acrescentou: "Bem, dentro das modestas possibilidades de Don Segundo, eu não posso ir mais longe. Mas eu acredito na possessão por espíritos malignos". Ele acreditava em tudo isso. Evidentemente, não era católico, mas era muito interessado na mística, e especialmente na mística da Índia. Bem, uma prova disso é que sua viúva, Adelina del Carril, foi morar em Bengala e morou dez anos lá, e adotou um menino que trouxe da Índia.

Em outro livro dele, do qual o senhor deve se lembrar, um livro de juventude: Raucho, *ele...*

Bom, *Raucho* era um pouco autobiográfico, eu acho, não era?

Sim, há uma espécie de confronto – talvez pudesse ser visto assim – entre americanismo e europeísmo. Raucho descobre a Europa e depois redescobre – mas depois da descoberta da Europa – sua própria terra.

Sim, "crucificado de paz", termina dizendo o livro, não é?

"Em sua terra de sempre."

"Em sua terra de sempre", sim, lembro disso. Agora, Güiraldes insistia em usar, de uma maneira um pouco agressiva, galicismos, inclusive alguns bastante feios, por exemplo, "eclosionar", não creio que seja excessivamente belo. E ele usou, mas o fazia como um desafio, porque não queria ser como dizia – ele e sua mulher diziam –: "Ah, fulano é *galeguizante*". Isso se aplicava a escritores como Oyuela, ou talvez como Ricardo Rojas, ou seja, que usavam gírias espanholas, e ele não queria usá-las. Embora também não usassem palavras, bem, profissionalmente sul-americanas. Mas eu acho que se um argentino escrever espontaneamente, não escreverá como um espanhol, porque... estamos tão longe deles que, bem, não é necessário tentar ser argentino porque já o somos, não é? E se tentarmos sê-lo, como eu tentei no começo, imediatamente se nota algo artificial.

O importante seria a naturalidade.

Eu acho que sim. Acredito que naturalmente, bom, não nos parecemos com os espanhóis, uma vez que o espanhol tende à ênfase e à interjeição, e o argentino e o uruguaio tendem àquilo que em inglês se chama *understatement*, ou seja, não muito, mas menos, não é?

Sim, uma forma de sobriedade.

Mais ainda: eu acredito que os espanhóis tendem ao interjetivo, a exclamações. Por outro lado, um argentino tende a ser narrativo ou explicativo, mas não interjetivo.

Embora de vez em quando caia no neutro, mas no sobriamente neutro.

Sim, no sobriamente neutro, sim. Acredito que a interjeição e isso também se percebe na música: a música espanhola, especialmente a música andaluza, é uma música de queixas, de interjeições, de gritos. E por outro lado, bem, eu sou amigo de repentistas, por exemplo, de Luis García, e a maneira de cantar é mais como um som repetitivo, aquilo que em inglês se chama *"sing song"*, que não levanta a voz.

Agora, houve uma demora injusta no reconhecimento de Güiraldes, porque, se o senhor pensar nos Contos de morte e de sangue...

Mas, eu acredito que os *Contos de morte e de sangue* não mereciam ser recordados.

Mas esses contos são muito valiosos, são esplêndidos. Talvez o senhor não goste do título, mas se lembre deles, talvez o senhor se lembre daqueles contos?

Não, não me lembro deles. Eu tentei ler *Xaimaca*, e também fracassei. Agora, Güiraldes pensava que *Xaimaca* era seu melhor livro. Lembro que ele entregou à minha mãe, não sei se o manuscrito ou as provas de *Don Segundo Sombra* e, na manhã seguinte, minha mão ligou para ele. "E o que achou do livro?", perguntou Ricardo. E minha mãe lhe disse: "Eu detesto regionalismos e, no entanto, ontem à noite fiquei lendo até as duas da manhã". "Então – disse Güiraldes – deve ser bom". "Sim, eu acho que sim", respondeu minha mãe. E depois o livro foi publicado, e chegou o grande apoio: o artigo de Lugones que, mais ou menos, canonizou o livro, não é?

Mas um pouco antes da morte de Güiraldes, não é verdade?

Bem... Güiraldes se foi em seguida. Isso foi muito estranho, foi como um efeito dramático, não é? Ou seja, a glória repentina – antes, Güiraldes havia sido, bem, o protótipo do fracassado – e depois esse livro é publicado. Lugones o consagra; Güiraldes vai para Paris, é submetido a uma operação de câncer (ele tinha câncer na garganta) e morre. Não lembro em que ano ele morreu, acho que em 1927.

Entre 1927 e 1928, eu acho.

Me parece que foi em 1927, porque *Don Segundo Sombra* foi publicado em 1926, na imprensa de Colombo, em San Antonio de Areco, que depois se instalou na rua Hortiguera.

Mas Ricardo Güiraldes parece compartilhar uma característica que temos visto, por exemplo, em um homem como Lucio Mansilla. Ou seja: a planície, o salão de Paris, grande dançarino de tango, o senhor me disse que provavelmente havia sido...

Eu acho que sim. E outro que também deve ter sido importante é o autor de "La Morocha", Saborido, Enrique Saborido. Eu era amigo de Saborido, e ele não era um *compadrito*,[5] era um senhor. Era de Montevidéu, mas trabalhava na alfândega, aqui, em Buenos Aires, e ele deixou dois tangos famosos: "La Morocha", mencionado por Carriego, e "Felicia".

---

[5]Malandro.

SOBRE O HUMOR

OSVALDO FERRARI — *Sr. Borges, várias conjecturas são feitas sobre as fontes de seu humor, de seu humor literário e de seu humor a respeito de todas as coisas. Por exemplo, pensa-se em Bernard Shaw, no doutor Samuel Johnson ou em outros...*
JORGE LUIS BORGES — Bem, eu não sabia que tinha humor, mas pelo jeito tenho. Acredito que como este país é muito supersticioso, é suficiente que alguém diga algo contra essas superstições — que são múltiplas — para que se considere uma brincadeira. E acredito que as pessoas, para não levarem a sério o que eu digo, me acusam de humor, mas eu acho que não o tenho; acredito ser um homem simples, digo o que eu penso, mas — como isso costuma contradizer muitos preconceitos — supõe-se que são brincadeiras minhas. E assim fica resguardada, bem, minha fama... e ficam resguardadas as coisas que eu ataco. Por exemplo, eu publiquei há pouco tempo um artigo: "Nossas hipocrisias", e o que eu dizia ali o dizia totalmente a sério, mas consideraram que aquilo era uma série de brincadeiras muito engenhosas, de maneira que fui muito elogiado, precisamente pelas pessoas que eu atacava.

Através do humor, tornam o senhor inofensivo.

Sim, eu acho que sim. Mas, ao mesmo tempo, o humor é algo que eu admiro, especialmente nos outros. Agora, no meu caso, não me lembro de nenhuma brincadeira minha.

Mas, na tradição do doutor Johnson, por exemplo...

Sim, bem, o humor e a criatividade, especialmente. Mas parece tão difícil... é difícil definir as coisas, precisamente as coisas mais evidentes são impossíveis de definir, já que definir é expressar algo com outras palavras, e essas outras palavras podem ser menos expressivas que aquilo que é definido. Além disso, o elementar não pode ser definido, porque como vamos definir, por exemplo, o sabor do café, ou aquela agradável tristeza dos amanheceres, ou aquela esperança, sem dúvida ilusória, que podemos sentir pela manhã. Essas coisas não podem ser definidas.

Não podem ser definidas.

Agora, no caso de algo abstrato, é possível definir. Podemos dar a definição exata de um polígono, por exemplo, ou de um congresso, essas coisas podem ser definidas. Mas eu não sei até que ponto podemos definir uma dor de dente.

Mas, sim, é possível definir a falta de humor. No nosso país, por exemplo.

Ah, sim, a falta de humor e a solenidade, que é um dos nossos males, não é? E que se manifesta em tantas coisas. Por exemplo, deve haver poucas histórias tão breves como a história argentina, com escassos dois séculos, e no entanto, em poucos países as pessoas estão tão carregadas de aniversários, datas pátrias, estátuas equestres, de desagravos aos mortos ilustres.

E de agravos.

E de agravos, sim. É terrível, mas isso foi fomentado, é claro.

Às vezes o senhor caracteriza a história argentina como muito cruel. Dentro das características essenciais, o senhor menciona a crueldade.

Eu acho que sim. Hoje estava lendo uma estatística publicada pela polícia sobre os assassinatos cometidos nos últimos anos, e parece que, a partir de uma data bastante recente, a cada ano tem havido mais crimes. Mas é claro que isso corresponde à pobreza; quanto mais pobres forem as pessoas, mais facilmente serão criminosas.

Bem, isso é também uma característica da época.

A violência, sim.

Infelizmente.

Sim, mas eu acho que esse delito ético tem uma raiz econômica.

Sim, quanto ao humor, dizia que, ao longo do tempo, o senhor tem admirado, se não o humor, a ironia de um homem como Shaw ou como Johnson.

Certamente, sem dúvida.

E como definiria essa característica neles? Porque são muito particulares, é que são muito próprias do gênio inglês.

Bem, em ambos os casos, a ironia radica na razão, eu acho, não é? Ou seja, não é arbitrária. Pessoalmente, o que Gracián chamava de engenho me é desagradável, já que se tratava de jogos de palavras e os jogos de palavras concernem simplesmente às palavras, ou seja, a convenções. Por outro lado, o humorismo pode ser exercido sobre fatos reais, e não simplesmente sobre a semelhança entre uma sílaba e outra.

Sim. E o humorismo nos ingleses é realmente muito razoável.

Muito razoável, mas, no entanto, existe algo de fantástico... eu acho que entre o engenho e o humorismo, embora o humorismo critique coisas reais, sempre existe algo fantástico no humorismo, eu acho, não é? Há sempre um elemento de fantasia, de imaginação, que pode não existir na ironia, ou no engenho.

Ah, sim.

Sim, de maneira que há um princípio de fábula, um princípio de sonho, algo de irracional no humorismo. Algo levemente mágico também. Então, essa seria a diferença. Infelizmente, agora não me ocorre nenhum exemplo, mas como eu tenho pensado no assunto, espero que a conclusão que afirmei agora seja válida.

Mas, de alguma forma, o exemplo é o senhor. Porque, diferentemente de Lugones, de Mallea e de muitos outros escri-

tores argentinos nos quais infelizmente se percebe uma falta de humor, o senhor, no entanto, o tem cultivado.

Bom, às vezes Lugones o ensaiou, mas eu diria que com um resultado infeliz. Por exemplo: "A tutora, uma magra escocesa inteiramente isósceles, junto à sogra obesa". Evidentemente, há uma intenção humorística, mas o resultado é mais melancólico, na verdade.

Não se nota muito.

Bem, a palavra "isósceles" é graciosa, não é? Isso combina mais com uma caricatura do que com uma imagem real, que é o que queria Lugones. Não me lembro de outras tentativas de engenho de Lugones; por outro lado, em Groussac sim, a ironia é evidente. Por exemplo, naquela polêmica que ele teve, quando disse: "O fato de ter sido colocado à venda um opúsculo do doutor... bem, fulano de tal..., pode ser um sério obstáculo para sua difusão" (*ri*). Aqui é evidente, não é? Quem compraria isso?

Como já insisti, sr. Borges, sobre Samuel Johnson, eu lembro que o senhor disse que na Inglaterra, se tivessem escolhido um autor nacional, deveria ter sido ele.

Bem, eu diria Johnson, Wordswoth... mas posso me referir a um livro alheio, e muito mais famoso; eu diria que se uma convenção obriga a que cada país seja representado por um livro, nesse caso, esse livro seria a Bíblia. A Bíblia, como ninguém ignora, contém textos hebreus, gregos, que foram traduzidos ao inglês. Mas agora esses textos fazem parte do idioma inglês. Uma citação bíblica em espanhol ou em francês pode resultar pedante, ou pode não ser imediatamente identificada. Mas o inglês coloquial está cheio de citações bíblicas. E eu, claro, minha avó – cuja família era de pregadores metodistas – sabia a Bíblia de cor. Você citava uma frase bíblica qualquer e ela dizia: "Livro de Jó, capítulo tal, versículo tal", e continuava, o "Livro dos Reis" ou "Cântico dos Cânticos".

Recordava a fonte, digamos.

Sim, ela lia diariamente a Bíblia. Além disso, não sei se o senhor sabe que na Inglaterra cada família possui uma Bíblia, e nas páginas em branco, que estão no final, anota-se a crônica da família. Por exemplo, os casamentos, os nascimentos, os batizados, as mortes. Bem, e essas bíblias familiares têm valor jurídico, podem ser usadas em julgamentos, por exemplo, são aceitas como documentos autênticos pela lei. Por exemplo, na *family Bible* (Bíblia da família) diz tal coisa. E na Alemanha, outro país de maioria protestante, existe um adjetivo: *bibelfest*, que significa "firme na Bíblia", ou seja, que sabe a Bíblia de cor. O mesmo acontece, como o senhor deve lembrar, no Islã, onde as pessoas conhecem o Corão de memória. Acho que o nome do famoso poeta persa Hafiz quer dizer "aquele que lembra", ou seja, aquele que sabe de memória o Corão.

De alguma forma, o "memorioso".[1]

Sim, de alguma maneira o pobre Funes (*ambos riem*).

Ou o senhor.

Como?

O senhor foi chamado "o memorioso" em um jornal de Buenos Aires.

Falando em Funes, várias vezes me aconteceu de me perguntarem se eu conheci Funes, se Funes existiu. Mas isso não é nada se comparado com o fato de que um jornalista espanhol me perguntou se eu ainda guardava o sétimo volume da enciclopédia de Tlön, Uqbar, Orbis Tertius.

Que corresponde a um conto seu.

Sim, de um conto meu, e quando lhe disse que tudo era uma invenção, me olhou com desprezo. Ele tinha acreditado que aquilo era história, mas não, eram simples fantasias minhas, e não havia motivo para tomá-los em conta. O mesmo me aconteceu em Madri com meu conto "O Aleph".

[1] Alusão ao conto de Borges "Funes, el memorioso."

Agora, não sei se o senhor se lembra, o Aleph é um ponto em que estão todos os pontos do espaço, da mesma forma que na eternidade estão todos os instantes do tempo. Eu tomei a eternidade como modelo para o Aleph. Enfim, um conto que tem usufruído de indevida fama, sobre o Aleph, e que leva esse título. Bem, e um jornalista me perguntou se realmente havia um Aleph em Buenos Aires. Eu lhe disse: "Bem, se realmente houvesse um, seria o objeto mais famoso do mundo, e não se limitaria a aparecer em um livro de contos de um escritor sul-americano". E então ele me disse com uma ingenuidade que quase me comoveu: "Sim, mas como o senhor menciona a rua e o número – diz rua Garay, número tal". Pode haver algo mais fácil do que mencionar uma rua e um número?

Ele pensou que essa rua e esse número não eram inventados.

Não, é claro que a rua e o número não eram inventados, mas o fato de que acontecesse algo assim... me diz que há muita gente, de diferentes lugares, especialmente da América do Sul, que vêm aqui e vão ver na rua Corrientes tal número, porque existe um tango que diz Corrientes 1214, ou algo assim.

348.
Ah! O senhor se lembra. Bem, há pessoas que vão buscar isso, e existe um caso parecido, em que a fábula ou a literatura são levados a sério: parece que muita gente que visita Londres vai para ver a casa de Sherlock Holmes. Vão a Baker Street, e procuram esse número. Então, para satisfazer essas pessoas, ou como uma brincadeira, agora há um museu de Sherlock Holmes, e aí os turistas encontram o que esperam, pois ali estão o cabide, o laboratório, o violino, a lupa, os cachimbos, enfim.

Na medida das fantasias dos visitantes.
Sim, todos esses pertences, todos esses atributos de Sher-

lock Holmes estão ali. Bem, isso já foi dito por Oscar Wilde com aquela frase: "A natureza imita a arte".

Sim.

E um exemplo dado por Oscar Wilde é o caso de uma senhora que não quis sair na sacada para ver o pôr do sol porque esse pôr do sol estava em um quadro de Turner. E acrescentou: "Um dos piores ocasos de Turner" (*ri*), porque a natureza não havia imitado muito bem o pintor.

Vejo que sem que fosse nossa intenção, sr. Borges, o humor voltou a nos procurar no final desta entrevista.

Sim, é verdade.

SOBRE HENRY JAMES

OSVALDO FERRARI — *Sr. Borges, Guilhermo de Torre nos faz lembrar de um escritor de origem norte-americana, naturalizado inglês, que ao longo do tempo produziu o que ele chama "um regresso". Ou seja, depois de talvez um aparente esquecimento, novas gerações o adotam, é editado, é lido novamente com interesse. Falo de Henry James.*
JORGE LUIS BORGES — Certamente.

Guilhermo de Torre acrescenta algo que mencionamos ao falar de Kafka: ele diz que, de alguma forma, Henry James é uma ponte entre o final do século anterior e nosso século.

Ou seja, Henry James já pertencia à decadência, ao declínio, não é? Sim, já que se supõe, com toda razão, que este século é inferior ao anterior, ele viria a ser um primeiro declive. Mas eu acho que não, acho que era um excelente escritor, não há motivo para misturá-lo com este século.

Talvez seja melhor associá-lo com a transição entre os dois séculos.

Em geral, eu descreio de qualquer argumento histórico; como disse John Keats: *"A thing of beauty is a joy for ever"* (uma coisa bela é uma alegria para sempre). E no caso de James, acho que podemos prescindir da história da literatura.

Talvez possamos prescindir, neste caso, da história, mas teríamos que considerar um pouco a geografia: James nasce nos Estados Unidos e durante a Primeira Guerra Mundial, lá por 1915...

Ele se tornou cidadão inglês. Bem, ele fez isso porque pensava que os Estados Unidos tinham o dever moral, o dever ético de entrar na guerra. Então, para expressar isso de um modo enfático, ele se tornou cidadão britânico. Creio que o fez por isso. Além disso, ele era muito identificado com a Inglaterra, e o pai havia educado a ele e também a seu irmão, o psicólogo William James — tinha medo de que eles fossem provincianos — em um âmbito deliberadamente cosmopolita, para que não fossem, bom, digamos demasiado ou estreitamente norte-americanos. Eles receberam uma educação europeia, e efetivamente não foram "nacionais", no sentido estreito da palavra. Foram muito, muito generosos... Agora, Henry James acreditava que, geralmente, os norte-americanos eram eticamente superiores aos europeus e intelectualmente inferiores. E isso se percebe em seus livros: o norte-americano aparece como um homem ingênuo, cercado de pessoas muito complexas, e, às vezes, demoníacas. Acho que ele tinha essa impressão. Há um romance dele muito bonito, um dos primeiros, ele o escreveu e reescreveu, se chama *The American*, e o argumento é mais ou menos o seguinte: um norte-americano se apaixona por uma moça da aristocracia francesa e depois a família dela quer impedir o casamento, e então, bem, agem de um modo terrível com a moça. Ele sabe tudo isso, mas não pode se vingar, e, no entanto, ele queria fazer algo — acho que a moça tinha morrido, não tenho certeza, faz tantos anos que li o livro. Mas me lembro do último capítulo: no último capítulo, o protagonista já sabe tudo o que fez a condessa de tal — a mãe da moça pela qual havia se apaixonado — e ele conhece uma senhora da aristocracia francesa — acho que era uma duquesa — e pensa: "Bom, eu sei que esta mulher é uma fofoqueira, se eu lhe contar o que aconteceu, ela o divulgará por Paris inteiro e de alguma forma os culpados serão descobertos". E então ele lhe escreve e lhe pede uma entrevista. Ela mora em um castelo nas redondezas de Paris, e está um pouco surpresa porque só se viram algumas vezes, mas, ao mesmo tempo, como ela é fofoqueira, supõe que possivelmente há outra fofoca por trás dessa visita. E então o convida. Há outro convidado, um príncipe italiano bastante desagradável, que insiste em ficar. A senhora, mais ou menos, o manda embora, convida este senhor, que é um milionário norte-americano, a jantar com ela; comem juntos, ele não diz nada e ela pensa: "Bom, durante o jantar não dirá nada". Depois, vão para uma sala contígua, tomam café, e ela espera que ele diga algo, e que seria a única justificativa dessa visita insólita. O tempo vai passando e ele não diz nada. Depois há um momento no qual já vai sair o último trem, que o levará de volta a Paris; ele se levanta, se despede dessa senhora, agradece sua hospitalidade e volta para seu hotel. No dia seguinte ou dois dias depois, ele embarca para os Estados Unidos, decidido a não voltar à Europa, que está carregada de lembranças desagradáveis para ele. E quando está a bordo, ele se pergunta: "Mas por que não disse nada para a duquesa?". Ele agiu assim e não sabe por quê. Mas depois ele recebe a revelação, que é muito linda. A revelação é a seguinte: ele odeia tanto essa senhora que tinha a intenção de denunciar, a odeia tanto que não quer se vingar dela, porque isso significaria forjar mais um vínculo entre os dois: ou seja, a vingança o ataria mais ainda a ela. Por isso ele ficou calado, mas nesse momento ele não soube por que calara.

É realmente original.

É uma ideia muito bonita. Agora, parece que Henry James — que geralmente costumava reescrever seus livros — na primeira versão do romance faz com que sua personagem não aja assim deliberadamente, porque prefere o perdão à vingança. Mas a ideia da segunda versão é muito mais bonita — que é a que eu li — e depois soube que havia uma anterior. É a ideia de que ele não se vinga, porque a vingança é um vínculo a mais entre o vingador e a pessoa de quem se vinga.

É a mais original das duas, sem dúvida.

É a mais original, e é a segunda, aquela que eu li e que a minha mãe também leu e gostou muito. Agora, é um longo romance, vemos a conduta, bem, e... perversa dos europeus, que é a ideia que James tinha dos europeus em geral. E a personagem do romance, o norte-americano, é um homem ingênuo nesse sentido, embora, é claro, seja um milionário que fez sua fortuna de uma forma... implacável, como são feitas as fortunas, mas neste caso não, neste caso ele é um homem justo. Bem, isso vem ilustrar aquele conceito geral que James tinha sobre os norte-americanos, ele pensaria especialmente... possivelmente ele não pensava em gente de Chicago ou de São Francisco, ele pensaria em gente de New England, ou seja, as pessoas que herdaram a melhor tradição inglesa.

Mas em toda sua vida, em toda a vida de James houve esse conflito espiritual, que depois ele torna criativo, entre norte--americanismo e europeísmo.

Sim, mas eu acho que, sobretudo, ele via essa diferença: via os norte-americanos como um povo muito simples, e os europeus como pessoas muito complexas e, ao mesmo tempo, perversas, não é? Ou seja, intelectualmente superiores e eticamente inferiores aos norte-americanos.

Com o tempo, tudo isso veio a se tornar aquilo que tem sido considerado o aspecto característico de Henry James: a ambiguidade.

Sim, a ambiguidade. Bom, quando eu escrevi o conto "El Sur", pensei: "Vou tentar fazer, dentro das minhas modestíssimas possibilidades, um conto à maneira de Henry James", mas pensei, "vou procurar um ambiente muito diferente"; e procurei esse ambiente: a província de Buenos Aires, e escrevi o conto "El Sur". Esse conto pode ser lido agora de várias maneiras: pode ser lido como realista, pode ser lido como onírico, também pode ser lido, bom, como simbólico, porque Oscar Wilde disse: "*Each man kills that thing he loves"* (cada homem mata o que ama). E eu penso o contrário: na verdade nós somos mortos por aquilo que amamos — assim, nesse caso, o Sul mata a personagem. Mas eu escrevi esse conto pensando nos contos de James, que são deliberadamente capazes de suscitar diferentes interpretações — ou deliberadamente ambíguos. Por isso, muitas pessoas interrogaram Henry James sobre o mais famoso de seus contos: *The Turn of the Screw (A volta do parafuso)* — há uma admirável tradução ao espanhol de José Bianco, que se chama "Otra vuelta de tuerca", ou seja, Bianco dá mais uma volta, não é (*ri*). Seria *The Turn of the Screw* (A volta do parafuso), e ele chamou de *Otra vuelta de tuerca*.

E já ficou conhecido dessa forma.

Sim, e é bom que seja assim, porque ele está raciocinando dentro do espírito de Henry James.

Sim, ele traduziu como "another" *(outra).*
Sim.

Agora, ele assumia e aceitava essa ambiguidade que mencionamos em James, porque pensava que o fato de os norte-americanos não estarem completamente seguros de vê-lo como um inglês que escrevia sobre os Estados Unidos, ou os ingleses como um norte-americano que escrevia sobre a Inglaterra, ele achava que essa ambiguidade...

Mas, para nós, tanto faz, não é? Sim, porque pensamos em Henry James, e não no fato de ser norte-americano ou inglês, já que, para nós, o essencial é Henry James.

Mas ele achava que essa ambiguidade era um traço do homem civilizado. Ele diz textualmente: a ambiguidade de que era acusado nos dois lados do oceano era justamente o traço de um homem civilizado.

Sim, isso quer dizer que era mais rico, que era diverso, isso está certo.

Exatamente.

Agora, deve ter sido um homem muito infeliz, porque eu acho que uma obra estética sempre corresponde... a emoções, e emoções que, bem, devem ser de infelicidade. Porque a felicidade é um fim em si mesma, não é?

Sim.

Então, a felicidade não precisa ser transmutada em beleza, mas a desventura sim, e voltamos àquilo que dizíamos em outra conversa: aquela frase que está por ali, perdida, na *Odisseia*: "Os deuses tramam desventuras para que as gerações vindouras tenham algo que cantar". Ou seja, os deuses tramam desventuras com um fim estético. Por outro lado, a felicidade é um fim, não precisa ser transmutada em beleza. E Henry James deve ter sofrido muito para escrever esses livros tão admiráveis — e, ao mesmo tempo, em nenhum momento são confissões. Agora, há um aspecto de James que, sem dúvida, muitos já indicaram: eu tenho a impressão de que James imaginava situações, mas não personagens. Seria o extremo oposto de, digamos, Dickens, por exemplo. Em Dickens o argumento não interessa, o argumento é um pretexto para mostrar as personagens; no *Quixote* também não, no *Quixote* as aventuras são uma mesma aventura; o importante é o fato de vermos continuamente Alonso Quijano, que sonha ser Dom Quixote, e que algumas vezes consegue e outras não. Enfim, o importante é ele. Juan Ramón Jiménez disse que poderíamos imaginar o *Quixote* com outras aventuras e eu acho que tinha razão. Poderíamos imaginar, bem, uma terceira parte do *Quixote* — e possivelmente, como comentamos no caso de outro livro, se todos os exemplares do *Quixote* se perdessem, ficaria Alonso Quijano como parte da memória dos homens, e outras histórias poderiam ser inventadas, talvez melhores que aquelas concebidas por Cervantes, uma vez que o importante é sua personagem. É o que acontece com as personagens de Shakespeare: acreditamos nelas e não na fábula. Agora, no caso de Henry James, acho que ele imaginava situações, e depois criava as personagens para as situações, que é o contrário do que acontece com Cervantes ou com Shakespeare, ou talvez com Dostoiévski, que na verdade imaginava pessoas. Por outro lado, Henry James não, ele imaginava situações, e depois criava as personagens adequadas.

A essas situações.

Sim, a essas situações. Ele também não tinha imaginação visual de nenhum tipo. Por exemplo, um caso extremo seria, é claro, o caso de Chesterton, em que aparece uma personagem nova e é como se entrasse um ator em cena. Por outro lado, o mundo de Henry James não, parece um mundo sem cores, sem formas, bem, antes de mais nada, ele era um escritor, e um escritor interessado em situações, e, consequentemente, nas personagens.

Mas, veja: Eliot o qualificou como o escritor mais inteligente de sua geração, e Julien Benda o associa, como no seu caso pessoal, à "brilhante situação de um autor obscuro"...

Sim, isso está certo.

Ou seja, ele é rodeado pelo mistério na sua vida e na sua obra. Há ainda outro aspecto que deveríamos tentar elucidar: James cultivou algo que agora tem sido deixado um pouco de lado: cultivou, eu diria, a distinção, a elegância na escrita, na vida, nas suas personagens — todos seus retratos têm a ver com uma grande distinção e eu acho que isso não era superficial nele.

Não, porque eu acho que, sem dúvida, ele era um homem distinto. Agora, o estranho é que ele tentou o teatro e fracassou, porque, por exemplo, quando toda a Europa estava escandalizada com Ibsen, James achou que era um autor *primaire*, primário, como dizem os franceses, ele acreditava que tudo isso era muito rudimentar, e não era, é claro. E ele tentou o teatro com um fracasso total, não é?

Da mesma maneira que ele não entendeu Ibsen, também não entendeu Whitman em um primeiro momento.

Mas não podia entendê-lo, eram tão diferentes.

No entanto, no final, a apreciação dele sobre Whitman parece ter mudado.

Não sabia disso, nem sabia que o tinha lido. No entanto, tinha que conhecê-lo, porque Whitman foi divulgado na Inglaterra pelos pré-rafaelistas, foi divulgado por Dante Gabriel Rossetti, e por um irmão de Rossetti, que publicaram uma primeira edição, uma edição expurgada, mas tinha que ser assim para não ser confiscada, não é? (*ri*).

SOBRE A CONJECTURA

Osvaldo Ferrari — *Sr. Borges, existe um gênero no qual o senhor tem produzido. Trata-se de um gênero literário e filosófico ao mesmo tempo, e me parece que o senhor o vê como aquele que o homem pode se permitir ao pensar, sem ir mais longe. Esse gênero é a conjectura, que vemos em seus poemas, em seu pensamento, em seus contos: o senhor sempre diz "talvez", "quiçá", ou usa outras formas para expressar a conjectura.*

Jorge Luis Borges — Sim, é verdade, eu não tenho nenhuma certeza, nem a certeza da incerteza. Então, eu acho que todo pensamento é... bom, conjectural, especialmente no caso de um conto, digamos. Eu falei em outra conversa que me são revelados o princípio e o final do conto, o ponto de partida e de chegada. Mas, depois, tudo o que acontece entre estes termos é conjectural; eu tenho que averiguar qual época, qual estilo é mais conveniente, e acho que o melhor é intervir o menos possível naquilo que escrevemos. Eu me esforço para que minhas opiniões não intervenham, tento... bem, teorias estéticas não tenho, me esforço para que minhas teorias também não intervenham, porque acredito que cada tema exige sua própria retórica; dessa forma, eu estava bastante insatisfeito com o estilo de *As ruínas circulares*, mas alguns amigos me disseram que aquele estilo barroco é o exigido pelo tema. Eu diria que cada tema exige sua retórica e que também deseja ser contado em primeira pessoa, bem, precisa acontecer em uma determinada época, em um determinado país, tudo isso é dado pelo tema. E é melhor esperar; depois dessa primeira revelação que me dão o princípio de uma fábula e o final, virão outras que me dirão se aquilo aconteceu, digamos, no final do século XX ou em um vago Oriente de *As mil e uma noites*. Agora, em geral, eu prefiro os últimos anos do século XIX, e prefiro lugares mais afastados, não somente no tempo, mas também no espaço, porque dessa forma eu posso inventar, posso imaginar livremente. Por outro lado, o contemporâneo amarra. Além disso, essa é a antiga tradição da literatura: ninguém supõe que Homero tenha lutado em Troia, entende-se que tudo acontece depois. E como o passado é tão modificável, diferentemente daquilo que se costuma dizer — que o passado não pode ser modificado, eu acho que cada vez que lembramos o passado, o modificamos, já que a nossa memória é falível. E essa modificação pode ser benéfica.

Então, o passado seria...

Eu acho que o passado é plástico, e o futuro também. Por outro lado, infelizmente o presente não é: se eu sentir uma dor física, é inútil que eu tente pensar que não a sinto porque a dor está aí, não é? Ou se eu sinto falta de uma pessoa, também a estou sentindo no presente. Mas, que podemos saber sobre o passado, sobre nosso próprio passado? Talvez eu possa imaginar que os anos da minha adolescência na Europa foram dolorosos. A prova é que vez ou outra, como todos os jovens, pensei no suicídio — acho que todos os jovens pensaram nisso alguma vez, não? Todos pronunciaram o monólogo de Hamlet: *"To be or not to be"* (ser ou não ser) — mas, no entanto, eu me lembro daqueles anos como um tempo muito feliz, embora me conste que não foi assim, mas não importa: passou tanto tempo — o passado é tão plástico — que eu posso modificá-lo. E por acaso a história não é a nossa imagem da história? Essa imagem melhora sempre, ou seja, propende à mitologia, à lenda. Além disso, cada país possui sua mitologia privada, a história de cada país é uma carinhosa mitologia, que talvez não se pareça nada com a realidade. É muito difícil que o presente seja sempre agradável.

Então, o passado e o futuro seriam conjecturáveis.

Sim, eu acho que sim, mas talvez seja mais fácil modificar o passado que o futuro, porque costumamos pensar no futuro... "bem, é provável que aconteça isso", "não, há alguns fatores que se opõem". Mas o passado, sobretudo um passado um pouco distante, é uma matéria muito, muito dócil. Bem, é que no final das contas tudo é matéria para a arte, especialmente a infelicidade. A felicidade não, a felicidade já tem o seu fim em si mesma. Por isso quase não há poetas da felicidade. Embora, bem, me parece que Jorge Guillén foi um poeta da felicidade. Whitman menos, porque em Whitman sentimos que ele se impôs a felicidade como dever de um norte-americano, e a felicidade não é isso, a felicidade tem que ser espontânea. Por outro lado, no caso de Guillén, creio que sentimos a felicidade nos seus versos: "E tudo no ar é pássaro".[1] Isso poderia ser um pesadelo: "E tudo no ar é pássaro", mas dito por ele não é, se parece com uma felicidade. Por outro lado, a infelicidade, a elegia, dão a impressão de serem fáceis, de serem naturais.

Agora, além da conjectura, há outro elemento significativo...

É porque a conjectura é geral; por exemplo, logicamente não é possível que o solipsismo seja certo: logicamente talvez eu seja o único sonhador, e eu sonhei toda a história universal, todo o passado, todo meu próprio passado; talvez eu comece a existir neste momento. Mas neste momento já lembro que faz quinze minutos que nos encontramos, quinze minutos criados por mim agora – bem, isso é possível: é possível que existamos eu e meu presente, é logicamente possível, só isso. Não para a imaginação. Seria terrível imaginar isso. Além disso, percebemos que mais além dos dados dos sentidos, sentimos a presença de outro. Por isso a

---

[1] "Y todo en el aire es pájaro."

filosofia de Locke é falsa: ele diz que devemos nosso conhecimento aos sentidos; não, acho que, além dos sentidos, sentimos que há outro, que há outra coisa — e sentimos, sobretudo, hostilidade, indiferença, amor, amizade, adversidade. Essas coisas são sentidas mais além dos sentidos, eu acho.

Certo. Segundo seu pensamento, a conjectura é lícita; mas há outro aspecto, que eu não sei se tem sido desenvolvido nos últimos anos, ou se tem mais tempo do que eu imagino, e é o fato de o senhor afirmar que os poemas, contos, ou os pensamentos, nos são dados...

Eu acho que não há sombra de dúvida quanto a isso. Além disso, é a ideia inicial, é a ideia, por exemplo, da musa; a musa dita seus poemas ao poeta, o poeta é o amanuense da musa. Os hebreus pensavam no espírito que dita, bem, os diversos livros da Bíblia a diversos amanuenses, em diferentes épocas e diversas regiões do mundo. Mas tudo isso é obra do espírito.

Sim, mas, curiosamente, esse seu pensamento sobre aquilo que nos é dado ao criar, é um pensamento — e eu sei que o senhor vai achar a palavra excessiva — invariavelmente místico.

Mas tem que ser místico, porque físico não pode ser, e lógico também não. A ideia de Poe, que diz que a obra estética é uma obra intelectual é uma *boutade* de Poe, é uma brincadeira. Ele não podia acreditar nisso: ninguém se senta e escreve um poema à força de raciocínios. Algo sempre escapa. Bem, Poe fornece uma série de raciocínios que, segundo ele, o levaram a escrever "O corvo". Mas sempre, entre cada elo há uma espécie de intervalo de sombra, ou algo que exige outros elos. Por isso, aquilo que ele disse não explica nada: ele pôde reduzir "O corvo" a uma série de raciocínios, mas entre cada um desses elos desse raciocínio, tem algo que não se esclarece, que se deve... bem, à inspiração, digamos, ao que é secreto. Agora, esse segredo pode ser externo ou pode ser o da nossa memória. Yeats pensava na "Grande memória"; ele pensava que todo homem herda a memória de seus antepassados. Seus antepassados crescem geometricamente, é claro: dois pais, quatro avôs, tantos bisavôs e assim até abranger o gênero humano. Ele pensava que em todo homem convergem, digamos, esses antepassados virtualmente infinitos, de maneira que não é necessário que um escritor tenha muitas experiências pessoais, uma vez que todas estão ali: cada pessoa dispõe desse receptáculo secreto de memórias, e isso é suficiente para a criação literária.

Quer dizer que quando às vezes nos dizem, por exemplo, que Elizabeth Browning era uma poeta de inspiração mística, essa expressão pode ser lícita?

Ah, sim! Sem dúvida, talvez isso pudesse ser aplicado a todos os poetas também, porque eu não concebo o poeta como um mero intelectual.

Naturalmente.

Agora, é claro que há outros escritores que sentem o intelectual de uma maneira estética. Para mim, o melhor exemplo de poeta intelectual seria Emerson, já que Emerson não é apenas intelectual, mas... bem, ele pensava continuamente. Por outro lado, o caso de outros poetas intelectuais... Não sei se realmente o são. Bom, Robert Frost o seria, Emerson também.

Valéry talvez.

Mas no caso de Valéry observamos que o que impressiona é o mundo externo, mas não as ideias, as ideias são vulgares; mais do que ideias, são imagens. Mas isso, enfim, cada leitor deve resolvê-lo por conta própria. Valéry não me impressiona como poeta intelectual, mas sim como poeta, sem dúvida. Um de seus poemas define exatamente o que é saborear uma fruta, e sentir como essa fruta se torna um prazer.

Talvez Valéry seja associado a uma visão intelectual por seu vínculo com a matemática.

Sim.

Mas, então, por um lado, temos a conjectura; por outro temos o místico, e há um terceiro aspecto que me interessa...

Mas acho que não deve haver apenas um terceiro, e sim milhares, não é? Mas neste momento, qual lhe interessa, sr. Ferrari?

Aquele que o senhor reflete através de suas viagens — ao voltar e antes de partir — porque, apesar do tempo, seu amor pela vida não declina, o que, do meu ponto de vista, é o que há de mais inerente no poeta.

Sim, acredito que se formos poetas, sentiríamos cada momento como poético. Ou seja, viveríamos amando a vida, e ao dizer "amando a vida", teríamos que amar também as infelicidades, os fracassos, as solidões. Tudo isso é material para o poeta; sem isso não poderia compor, e não se sentiria justificado. Porque eu... eu não gosto do que escrevo, mas se eu não escrever ou não estiver compondo algo, sinto que não estou sendo leal com o meu destino. Meu destino é precisamente conjecturar, sonhar, e, eventualmente, escrever, e muito eventualmente, publicar, isso é o menos importante. Mas eu tenho que viver em permanente atividade, ou tenho que acreditar que vivo em permanente atividade imaginativa e, se for possível, racional também, mas, sobretudo, imaginativa. Ou seja, tenho que sonhar o tempo todo, tenho que viver projetando para o futuro. Acho doentio pensar no passado, embora o passado possa nos fazer deparar com a elegia também — que não é um gênero desprezível. Mas, em geral, eu tento me esquecer daquilo que escrevi, porque se eu lesse o que escrevi me sentiria desapontado. Por outro lado, se eu viver em função do futuro, se me esquecer do que escrevi... posso me repetir, é claro, mas continuo a viver, sinto-me justificado. Caso contrário, me sinto perdido (*ri*).

Acredito que se o senhor voltasse a ler o que escreveu, isso não aconteceria.

Sim, mas é uma experiência perigosa, é melhor não tentar, o resultado pode ser uma obrigação de silêncio, não é? Um chamado ao silêncio.

De todo jeito, talvez descobrisse que seu amor pela vida tem sido uma constante, embora o senhor não tenha reparado.

Bom, isso é uma conjectura, uma generosa conjectura sua.

A última, a última conjectura nesta conversa de hoje.

Ah! Muito bem, depois continuaremos falando de outros assuntos.

Depois continuaremos.

OS WESTERNS,
OU A ÉPICA NO CINEMA

Osvaldo Ferrari — *Sr. Borges, temos falado de diferentes literaturas, de diferentes religiões. Hoje eu gostaria de me aproximar de algo mais simples, mas muitas vezes não menos interessante, e que, pelo que me parece, o senhor cultivou como espectador e, às vezes, como autor. Falo de seu interesse pelo cinema ao longo do tempo.*

Jorge Luis Borges — Sim, acho que Hollywood, por motivos comerciais naturalmente, salvou a épica, numa época em que os poetas esqueceram que a poesia começou pela épica. Mas isso foi salvo nos *westerns* e, além disso, antigamente, o cinematógrafo era como um cenário fotografado, mas com a chegada dos *westerns*, o cenário entrou em movimento: os cavaleiros corriam de um lado para outro disparando suas armas. Assim, essa mobilidade, que parece inerente ao cinema, foi criada nos *westerns*. Vou lhe dizer — por exemplo, me lembro do seguinte: Néstor Ibarra e eu recomendamos a um amigo nosso já falecido, Julio Molina y Vedia — um homem muito inteligente — que assistisse não me lembro que filme de Josef von Sternberg. Acho que era *A cartas vistas*,[1] ou *Underworld* (1927) ou *The Dragnet* (1928). Ele assistiu, e depois nos disse que não conseguiu acompanhá-la porque era feito de um modo tão inartístico, e tão incômodo que, às vezes, você via uma personagem de frente, depois, a cara preenchia a tela, ou era vista de costas, e até havia momentos nos quais não tinha ninguém em cena, que somente mostrava uma paisagem. Então, é claro, se um filme estava feito

---

[1] Não é possível determinar a que filme se refere Borges com esse título.

de um modo tão confuso, ninguém seria capaz de acompanhar. Por outro lado, agora, até, digamos, um menino pode acompanhar um filme. Então eu tive o culto ao cinema e escrevi muito sobre cinema; há um livro em que se reuniram minhas crônicas cinematográficas, mas ali só aparece o que publiquei na revista *Sur*, que não foi muito. Havia outras revistas com as quais eu colaborava regularmente. Além disso, quando assistimos a um filme, queremos comentá-lo. Então, eu comecei... bom, quando era criança, o cinema tinha certas convenções que todo mundo aceitava, e uma convenção aceita deixa de ser uma convenção. Por exemplo, se o que se via era de cor sépia, entendia-se que era de dia, mas se era verde, então era de noite.

Era um código.

Sim, e isso era aceito, e ninguém pensava que fosse artificioso. A gente já sabia que a noite era verde e que o dia era de cor sépia (*ri*). E, continuando, procedia-se da seguinte maneira: tirava-se uma foto de uma espécie de sala, sempre do mesmo ângulo e da mesma distância. Mais tarde, com Josef von Sternberg e com outros diretores, como King Vidor ou Lubitsch, começou-se a fotografar uma sala de diferentes ângulos, e ninguém se incomodava. E agora aceitamos isso como algo natural. Um dos primeiros filmes feitos apresentava um ator que, pelo que lembro, atacava uma garota, tinha um tipo de cara simiesca, uma cara de macaco, digamos. Com isso faziam um *close up*, e as pessoas iam para ver essa cena, que era uma só, na qual a grande cara desse homem monstruoso preenchia a tela. Depois, no cinema falado, aconteceu o mesmo. Eu me recordo de um filme de Emil Jannings, no qual ele faz o papel de czar da Rússia, e ele fala uma única vez, e pede socorro ao homem que justamente planeja assassiná-lo. E também me lembro a grande propaganda que foi feita para a apresentação do filme *Ana Christie* (1930), de Greta Garbo, baseado numa peça de Eugene O'Neill. A propaganda era: "*Garbo talks*"

OS WESTERNS, OU A ÉPICA NO CINEMA

(Garbo fala). Nesse filme tinham construído especialmente — para aumentar a expectativa — uma série de tabernas, havia neblina, um cavalo na neblina e, finalmente, uma mulher que havia chegado da Suécia e que ia percorrendo esse cenário.

Era Greta Garbo?

Sim, era ela, que chegava a um bar e nesse bar havia uma mesa muito longa que percorria devagar. Todos esperávamos que ela falasse, íamos ouvir a voz de Greta Garbo, a nunca ouvida voz de Greta Garbo, e o que ouvimos foi uma voz quase rouca que dizia: *"Give me a whisky"* (Dê-me um whisky), então todos trememos de emoção. E depois continuava falando, mas, enfim, foi o primeiro filme, digamos, sonoro, dela.

O senhor escreveu uma vez algo sobre Greta Garbo?

Sim. E eu acho que toda minha geração foi apaixonada por Greta Garbo, eu acho que o mundo inteiro estava apaixonado por ela. Minha irmã Nora disse uma coisa muito linda; disse: "Greta Garbo nunca será brega", e é verdade; uma mulher alta, com ombros largos. As outras atrizes daquela época são, bem, repudiáveis. Mas Greta Garbo não; ela possuía uma espécie de firmeza, e algo de mistério também: era chamada "A esfinge sueca".

O senhor deve saber que Alfonso Reyes divide a época (as pessoas da época) entre as de antes e as de depois do cinema.

Ah, sim, pode ser.

Ou seja, foi um fato caracterizador.

Sim, o cinema, é claro. No início viam-se muitos filmes italianos, muito sentimentais... não me lembro do nome da atriz... bem, era famosa, sempre morria entre flores, entre rosas. Também filmes italianos cômicos; poucos filmes franceses e muitos norte-americanos, mas os melhores eram os *westerns*, os de tiros e cavaleiros. E um em particular que o senhor deve ter assistido, no qual a representação dura o que dura a ação, se chamava...

Matar ou morrer?

Isso, *Matar ou morrer*. Aristóteles falou das três unidades de tempo, mas a unidade era um pouco arbitrária, porque dizia que uma representação devia durar um dia. Por outro lado, isso foi feito aqui de um modo muito mais rigoroso, aqui a representação, a ação, durava exatamente o que durava o filme. Por isso, cada certo tempo se mostrava um relógio, o relógio de uma estação. E assim podíamos ver que tinha passado tanto tempo, e assim era. Acho que a única vez em que as unidades de tempo foram observadas de maneira tão rigorosa foi nesse filme de Gary Cooper. Um belíssimo *western*, e havia outros, anteriores, *No tempo das diligências...*

Agora, me parece que o senhor tem sido devoto do Von Sternberg anterior a Dietrich.

Ah, certamente. Eu acho que foi uma pena que ele tenha conhecido Marlene Dietrich, porque era uma mulher belíssima, tinha uma linda voz, mas não possuía – e também não fingia ter – o mínimo talento cênico. Mas, é claro, é agradável ver e ouvir uma mulher muito linda. O fato de ela representar era o que menos importava (*ri*).

Em relação a Josef von Sternberg, o senhor comentou seu filme Docas de Nova York.

Sim, teria sido estranho não escrever sobre isso. Esses filmes em que apareciam George Bancroft, Fred Coller, dois eternos antagonistas, que podiam ser aventureiros, ou podiam ser o xerife ou outros papéis. Mas sempre como inimigos. E Evelyne Brench, também, e William Powell, que começou a trabalhar naquela época, mas que durou mais do que outros.

Além disso, temos os argumentos que o senhor escreveu, por exemplo, "Invasión", com Bioy Casares.

Sim, tudo bem, mas ... eu não tenho nada a ver com isso.

Por último...

No caso de *Invasión*, eu colaborei com duas das mortes. Mas nunca entendi o argumento. E quando assisti ao filme, entendi menos ainda. Achei um filme muito confuso. E, além disso, me parece que inverteram a ordem temporal, a ordem cronológica. Por isso, dessa forma, ficou muito intrincado. Achei um filme muito ruim. Porque se chama *Invasión*, e há um grupo nele; há Macedonio Fernández, e um grupo de discípulos dele, e não se sabe se eles conspiram para invadir a cidade ou se a estão secretamente defendendo. Mas por que uma cidade não é defendida por tropas regulares, e a defesa fica a cargo de dez pessoas, isso não se explica.

Parece que cada vez que sua obra, sr. Borges, é levada para o cinema, ela é tergiversada.

Sim, acho que sim.

Também vi comentários seus sobre filmes argentinos.

Sim, acho que não havia nenhum bom, não é?

Não sei se o senhor se lembra de Los prisioneros de la tierra.

Sim, com Ulises Petit de Murat, baseado em vários contos de Quiroga, eu acho.

Sim, de Horacio Quiroga.

Eu conheci Quiroga, mas eu tentei me aproximar... era um homem que parecia feito de lenha, era muito pequeno e estava sentado de frente para a lareira da casa do doutor... Acho que se chamava Aguirre. E eu o via assim: barbudo, parecia feito de lenha. Ele sentou diante do fogo e pensei – era muito baixo – e, bem, eu senti isto: "É natural que eu o veja tão pequeno, porque está muito longe, está em Misiones. E este fogo que agora estou vendo, não é o fogo da lareira da casa de um senhor que mora na rua Junín. Não, é uma fogueira de Misiones". Essa foi a impressão que eu tive: a impressão de que somente a aparência dele estava conosco, que na verdade ele tinha ficado em Misiones, e que estava no meio do monte. E, como eu tentei conversar vários assuntos com ele, e ele não me respondia, reparei que era natural que não me respondesse porque estava muito longe – ele não tinha motivo para ouvir o que eu dizia em Buenos Aires.

LUGONES, ESSE HOMEM AUSTERO E INFELIZ

Osvaldo Ferrari — *Sr. Borges, há um escritor argentino que, mesmo que eu não proponha, comparece aos nossos diálogos. E o senhor parece ter com ele diferentes encontros e desencontros, mas ele aparece invariavelmente em nosso diálogo. Estou falando, evidentemente, de Borges e Leopoldo Lugones.*

Jorge Luis Borges — Lugones, certamente (*ri*). Eu não sabia que ele aparecia nos diálogos, eu achava que ele tinha se afastado do diálogo em 1938, (*ambos riem*). Estive com Lugones cinco ou seis vezes na vida, digamos cinco para não errar, mas, com ele, o diálogo era muito difícil, já que o respeitávamos muito; não nos atrevíamos a discordar dele. O diálogo era muito difícil porque qualquer tema proposto era imediatamente condenado à morte por ele. Não sei se já falamos de uma, bem, uma arriscada ocasião em que Bernárdez se atreveu a pronunciar o nome de Baudelaire. Então, Lugones disse: "Não vale nada". (E ponto final). Mas não justificou essa recusa, não deu seus motivos para negar Baudelaire. Como o respeitávamos muito, deixamos isso passar. Em outra oportunidade, eu me atrevi a falar de Groussac, e então ele foi mais explícito, não foram três palavras, mas seis, ele disse: "Um professor francês". (Ponto). "Vocês o esquecerão" (Ponto. Parágrafo). Agora, a conversa era muito difícil com alguém que condenava à morte todos os assuntos. Mas gostaria de lembrar que ele sempre desviava a conversa para falar, com carinho e saudades, de Rubén Darío. Posso ouvir a voz dele, com aquele sotaque cordovês que conservava como uma manifestação da nostalgia, falando de "meu amigo e mestre, Rubén Darío". Ele gostava desse relacionamento filial com Darío; agora, é claro, Rubén Darío era um homem de quem era muito fácil gostar — eu conheci gente, o doutor Adolfo Bioy, por exemplo, que falou uma única vez com Darío, e sempre se lembrou dele. Por outro lado, o diálogo com Lugones era ingrato. Então eu cansei de propor assuntos, de vê-los sentenciados à morte por Lugones, e deixei de vê-lo. E acho que isso aconteceu com muitas pessoas. Agora, todos nós respeitávamos Lugones — naquela época — não só o imitávamos, mas queríamos ser Lugones. Todos sentíamos — e isso é um erro — que o único modo de escrever bem em espanhol era escrever como Lugones. Eu descobri, bem, que há centenas de maneiras de escrever bem que não são exatamente as de Lugones. Mas naquela época todos sentíamos a gravitação dele, e o atacávamos para, de alguma forma, nos libertarmos dele. Ou seja, fomos injustos com Lugones, porque ele era de certo modo tudo para nós. E Lugones deve ter sentido isso; a primeira vez que o vi foi com Eduardo González Lanuza, e cada um de nós tinha medo de ser considerado servil demais ao conversar com Lugones. Então, nós dois fomos impertinentes com Lugones. Mas ele percebeu que essa impertinência era uma forma de timidez, deixou passar nossas impertinências e não disse nada. Eu voltei algumas vezes e depois deixei de vê-lo. Mas quando González Garaño me ligou e me disse que Lugones tinha se suicidado, senti muita pena, mas não foi nenhuma surpresa: achei que o suicídio era inevitável em um homem tão soberbo e tão sozinho como Lugones, um homem que não queria condescender à amizade. No entanto, eu sei que ele teve alguns excelentes amigos, por exemplo, Alberto Gerchunoff era muito amigo dele, e também um primo meu, Álvaro Melián Lafinú, que, com Eduardo Mallea, tentou ser amigo de Lugones, e ambos fracassaram. E há um poeta, que só é lembrado quando se fala de Lugones — não sei se morreu ou não — Luis María Jordán, autor de uma peça de teatro que não conheço, chamada *La bambina*; e, segundo Mallea, Jordán ia conversar com Lugones todos os dias. E isso é a única coisa que eu sei dele, e li e esqueci devidamente alguns versos dele em alguma antologia. Ou seja, Lugones se isolou deliberadamente. O que eu gostaria de destacar é que Lugones foi, principalmente, um homem ético. Ele é censurado por ter sido anarquista, socialista, democrata, e, finalmente — quando deu aquelas conferências no Círculo Militar — fascista. Mas ele não cresceu com nenhuma dessas mudanças; eu sei que Uriburu, em 1930, após a revolução, ofereceu a Lugones a direção da Biblioteca Nacional. E Lugones disse que, de alguma forma, ele havia conspirado com Uriburu, mas que o havia feito pela pátria, e que não podia se beneficiar pessoalmente com o sucesso da revolução.

Embora errasse, era um homem ético.

Sim, e depois foi acusado por um crítico venezuelano, Blanco Fombona, de ter plagiado Julio Herrera y Reissig, o poeta montevideano. Agora, os argumentos de Blanco Fombona pareciam irrefutáveis; o fato é que Herrera y Reissig publicou *Os êxtases da montanha* dois antes da aparição de *Os crepúsculos do jardim*, de Lugones. Os títulos são parecidos, não é? Mas esse argumento era falso, porque os poemas que Lugones reuniu nesse livro onde, evidentemente, vemos a mesma retórica, o mesmo vocabulário, os mesmos artifícios que em Herrera y Reissig, tinham sido publicadas antes em revistas muito pouco esotéricas como *Caras y caretas*, por exemplo. Além disso, Herrera y Reissig tinha em sua casa um cilindro fonográfico no qual Lugones havia recitado os sonetos incriminados por Herrera.[1] E esse cilindro se gastou, porque Herrera o tocava para todas as pessoas que visitavam sua casa, ou seja, o discípulo foi Herrera y Reissig.

---

[1] Como o próprio Borges comenta anteriormente, os versos foram incriminados por Blanco Fombona e não por Herrera.

Mas quando Lugones foi acusado de ter plagiado Herrera, a viúva de Herrera vivia, e Lugones achou muito feio dizer que ele havia sido o mestre e que o outro, o morto, era o discípulo. De modo que se deixou manchar por essa acusação de plágio, que ainda circula pela Europa — especialmente na Espanha — e não disse nenhuma palavra. Deste modo, vemos que era um homem ético.

E, bom, isso me consta por muitas outras coisas. Agora, quanto à obra de Lugones, deveríamos mencionar um fato: parece que a leitura de um livro não o impressionava menos, digamos, que o amor de uma mulher, ou que uma paisagem, ou que um fato qualquer. Para ele, a leitura de um livro era algo memorável, como o foi para Alonso Quijano, não é? — um homem modificado pela sua biblioteca —, já que Alonso Quijano decide ser Dom Quixote depois de ler os diversos livros de cavalaria. Em cada livro de Lugones, exceto *Romances de Río Seco*, sentimos um autor. Por exemplo, em *Os crepúsculos do jardim* há Albert Samain; em *Lunário sentimental* há Jules Laforgue; em outros textos seus há... Victor Hugo, e Almafuerte também, muitas vezes. Mas, no entanto, esses textos são de Lugones; ou seja, sentimos uma presença tutelar — que pode ser a presença de um escritor francês, ou de um belga, digamos, Laforgue ou Samain — mas também sentimos que essa poesia é de Lugones. De modo que ele foi um imitador, um imitador consciente, mas um imitador com voz própria. Se pegarmos um poema de Samain e um poema de Lugones da época de *Los crepúsculos del jardín* e de *Le Jardin de l'infante* podemos distinguir imediatamente que, dentro da mesma retórica, Lugones escreve de maneira diferente. Agora, Almafuerte, que era um homem de gênio, mas, ao mesmo tempo, um homem bastante simples — o que os franceses chamam de *primaire*: primário —, Almafuerte sentiu que era imitado por Lugones e isso lhe doeu, e disse: "Lugones quer rugir, mas não consegue: ele é um Almafuerte para senhoras" ("senhoras" no sentido depreciativo atribuído, neste caso, por Almafuerte). Mas isso foi uma falta de compreensão de Almafuerte. Eu lembro que Lugones cita quatro poetas em *Las montañas de oro*. Esses quatro poetas, essenciais para ele, são Homero, Dante, Victor Hugo e Walt Whitman. No entanto, no prólogo de *Lunário sentimental* omite-se um desses quatro nomes, o nome de Whitman. É natural que isso acontecesse, já que quando Lugones publicou seu *Lunário sentimental*, ele pensava que a rima era um elemento essencial para o verso, e Whitman foi precisamente um dos pais do verso livre, e por isso o omitiu. No caso de Homero, sua versificação corresponde ao hexâmetro, de sílabas longas e breves; outra coisa, totalmente diferente. Mas, no caso dos outros dois, sim: Dante e Hugo foram, para Lugones, os poetas. Lembro que na conversa, para dizer que um poeta era excelente, dizia: "Fulano é Victor Hugo"; ou seja, para ele, Victor Hugo viria a ser sinônimo evidente de poeta, coisa que muitos, hoje em dia, na França, não reconhecem. Muito injustamente, existe a tendência de esquecer Victor Hugo. Foi dito que Lugones, Rubén Darío e Jaimes Freyre não fizeram nada mais do que trazer para o espanhol a música de Hugo e de Verlaine. Sim, mas transladar a música de um poeta a outro de outro idioma é muito difícil. Além disso, eles transladaram essa música, mas os textos de Hugo e Verlaine estavam ao alcance de todos e, no entanto, nem todos escreveram a obra de Darío, de Lugones ou de Jaimes Freyre; foram eles que fizeram isso. Por exemplo, eu conheço mais ou menos bem o inglês, eu, bem, meu ouvido está atento à música do inglês, e do alemão também, mas não poderia transladar essa música para o espanhol. E se o fizesse, bom, seria um poeta tão grande quanto Darío ou como Lugones, e certamente não o sou. De modo que transladar uma música de um idioma a outro já é muito. Afinal de contas, acaso o que Garcilaso fez não foi transladar a música de Petrarca para o espanhol? Nada além disso, mas nada mais e nada menos!

Eu diria. No caso de Lugones, ele trouxe tantas vozes, tantas músicas diferentes para o castelhano... de modo que a obra dele continua a nos enriquecer. E falando em Lugones, eu gostaria de falar também de Ezequiel Martínez Estrada. A obra de Martínez Estrada... não sei, é inimaginável, é inconcebível sem a obra de Darío e de Lugones. E, no entanto, eu diria que as melhores composições de Martínez Estrada são superiores às melhores composições de Lugones ou de Darío. Agora, isso pode ser explicado porque Lugones inventou, digamos, uma métrica, um estilo bastante complexo — especialmente as obras em prosa e o *Lunário sentimental* — mas, na verdade, a mente dele era ingênua, simples. Por outro lado, esse estilo complicado, esse estilo intrincado combina com a mente muito intrincada e muito complexa de Martínez Estrada.

Mas, quanto a Lugones, além de ser, entre nós, a cabeça do modernismo, é um escritor pessoal nos Romances del Río Seco; *naquela obra, já é o Lugones em si, digamos, independente de influências.*

Não sei se é ele em si, eu diria que esses romances estão escritos em um estilo... bom, anônimo, quase anônimo. Eu disse isso em um prólogo.

Mas são seus preferidos.

Sim, mas é um erro preferir, já que, sendo a obra de Lugones tão rica, é melhor preferir cada etapa dessa obra, não é? Ou seja, preferir *As montanhas de ouro*, *Os crepúsculos do jardim*, o *Lunário sentimental*, os *Romances do Río Seco*, e, talvez, alguma composição de *As horas douradas* também.

Ou os Poemas solariegos.

Ou os *Poemas solariegos* também, certamente. A obra de Lugones é tão vasta... O curioso é que um livro dele não se parece com o anterior, um livro dele também não profetiza o seguinte, mas em todos eles está — de algum modo muito diferente — a voz de Lugones, a entonação de Lugones. Talvez o mais importante de um poeta seja sua voz. Porque, afinal de contas, que importam as ideias? As inovações métricas podem ser interessantes para os historiadores da literatura, não para o leitor, não é? De modo que eu diria que Lugones é, bem, um dos primeiros escritores argentinos, sem dúvida nenhuma, embora não tenha sido um escritor de gênio como Almafuerte. Mas Almafuerte... o que poderia ser resgatado de Almafuerte? Talvez *Confiteor Deo, El misionero*, algumas das *Paralelas* e praticamente nada mais. Eu sempre penso em escrever um livro sobre Almafuerte, especialmente sobre a ética de Almafuerte.

O senhor o destaca como um espírito entre nós, entre os argentinos.

Sim, como espírito, é claro. Poderíamos dizer que Almafuerte escreveu os melhores e os piores versos da língua espanhola. E talvez Lugones também, não é? Porque Lugones costuma abundar em versos que, bom, é difícil perdoar, não é?

Povoou-se de morcegos o torto Céu à maneira de chino biombo.[2]

E, por outro lado, depois disso: *E aos nossos pés um rio de jacinto corria sem rumor para a morte.*[3]

Esses dois últimos versos podem ser interpretados de diversas maneiras, mas que, de qualquer forma, são muito eficazes, são belíssimos.

(Ri) *Acho que acertei quando no começo desta conversa falei de Borges e Lugones, porque desta vez eu quase nem participei.*

Caramba, desculpe.

Não, muito pelo contrário, eu agradeço sua intervenção e a de Lugones.

[2]Poblose de murciélagos el combo/ Cielo a manera de chinesco biombo.
[3]Y a nuestros pies un río de jacinto/ corría sin rumor hacia la muerte.

OS CLÁSSICOS AOS 85 ANOS

Osvaldo Ferrari — *Para além de todas as modas do nosso século, o senhor declarou, em um de seus textos, que afortunadamente não possui vocação iconoclasta.*
Jorge Luis Borges — Sim, é verdade, acho que devemos respeitar o passado, uma vez que o passado é tão facilmente modificável, não é? No presente.

Mas essa atitude de se manter alheio às sucessivas modas iconoclastas, por sua parte...

Ah, sim, eu acredito que sim; mas é um mau hábito francês pensar na literatura em termos de escolas, ou em termos de gerações. Flaubert disse: "Quando um verso é bom, perde sua escola". E acrescentou: "Um bom verso de Boileau equivale a um bom verso de Hugo". E é verdade: quando um poeta acerta, acerta para sempre, e não interessa muito que estética professe, ou em que época tenha sido escrito: esse verso é bom, e é bom para sempre. E isso acontece com todos os versos bons, podem ser lidos sem levar em conta o fato de que correspondem, por exemplo, ao século XIII, à língua italiana, ou ao século XIX, à língua inglesa, ou que opiniões políticas professava o poeta: o verso é bom. Eu sempre cito aquele verso de Boileau; surpreendentemente, Boileau diz: "O momento no qual falo já está longe de mim". É um verso melancólico e, além disso, no momento em que dizemos o verso, esse verso deixa de ser presente, e se perde no passado, e não importa se é um passado muito recente ou um passado remoto: o verso fica ali. E foi Boileau quem disse; esse verso não se parece com a imagem que temos de Boileau, mas seria igualmente bom se fosse de Verlaine, se fosse de Hugo, ou se fosse de um autor desconhecido: o verso existe por conta própria.

Sim, neste mês de agosto de 1984, sr. Borges, mês de seu aniversário número 85, digamos...

Bom, caramba, o que posso fazer? Continuo teimosamente vivendo. Quando era jovem, eu queria ser Hamlet, queria ser Raskolnikov, queria ser Byron. Ou seja, eu queria ser um personagem trágico e interessante, mas agora não, agora me resigno... a não ser muito interessante, a ser, na verdade, insípido; mas a ser — o que é menos importante — ou tentar ser, sereno. A serenidade é algo a que podemos aspirar sempre; talvez não a alcancemos completamente, mas a alcançamos mais facilmente na velhice do que na juventude. E a serenidade é o maior bem — esta não é uma ideia original minha; não existem ideias originais — bem, os epicuristas, os estoicos, pensavam dessa forma. Mas, por que não nos parecermos com esses ilustres gregos: o que mais podemos desejar?

Mas, justamente em relação a essa serenidade conservada, e a essa sua não concessão às modas iconoclastas, agora eu gostaria de falar com o senhor sobre os clássicos.

Bom... terei que me repetir — não tenho outra saída — já que se não repito os outros, repito a mim mesmo, e talvez eu não seja nada além de uma repetição. Eu acredito que um livro clássico não é um livro escrito de uma determinada maneira. Por exemplo: Eliot pensou que um clássico só pode surgir quando uma linguagem atinge uma certa perfeição, quando uma época atinge certa perfeição. Mas eu acho que não: acredito que um livro clássico é um livro que lemos de determinada maneira. Ou seja, não é um livro escrito de determinada maneira, mas lido de determinada maneira quando lemos um livro como se nada nesse livro fosse aleatório, como se tudo tivesse uma intenção e pudesse se justificar, então esse livro é um livro clássico. E a prova mais evidente seria o *I Ching*, ou livro chinês das mutações, livro composto de 64 hexagramas: de 64 linhas inteiras ou partidas, combinadas dos 64 modos possíveis. Deram uma interpretação moral a esse livro, e é um dos clássicos da China. Esse livro nem possui palavras, mas linhas inteiras ou partidas, mas é lido com respeito. É o mesmo que acontece em cada idioma com seus clássicos. Por exemplo, pensa-se que cada linha de Shakespeare é justificada — mas muitas devem ter sido obra do acaso, é claro — e se supõe que cada linha do *Quixote*, ou que cada linha da *Divina comédia*, ou cada linha dos poemas chamados "homéricos" é justificada. Ou seja, um clássico é um livro lido com respeito. Por isso eu acho que um mesmo texto muda de valor segundo o lugar em que está: se lermos um texto em um diário, o lemos em um lugar feito para o esquecimento imediato — uma vez que o próprio nome (diário) indica que é efêmero; cada dia há um novo que apaga o anterior. Por outro lado, se lermos esse mesmo texto em um livro, fazemos isso com um respeito que provoca uma mudança no texto. De modo que eu diria que um clássico é um livro lido de determinada forma. Aqui, neste país, decidimos que o *Martín Fierro* é o nosso livro clássico, e isso, sem dúvida, modificou a nossa história. Eu acho que se tivéssemos escolhido o *Facundo*, a nossa história teria sido outra. O *Facundo* pode provocar um prazer estético diferente, mas não inferior ao que nos provoca o *Martín Fierro* de Hernández. Ambos os livros têm um valor estético e, é claro, o que ensina o *Facundo*, ou seja, a ideia da democracia — a ideia da civilização contra a barbárie — é uma ideia que teria sido mais útil que tomar como personagem exemplar um... bem, um desertor, um malandro, um assassino sentimental, que é o que, definitivamente, Martín Fierro é. Tudo isso sem demérito da virtude literária do livro. E me apraz mencionar Sarmiento; como o senhor sabe, no dia 11 de setembro vou receber uma alta e imerecida honraria: vou ser agraciado com o título de doutor *honoris causa* pela Universidad de San Juan — uma extensão recente da Universidad de Cuyo — mas que está vinculada ao nome de Sarmiento, que para mim é o máximo da nossa literatura e da nossa história. Por que não ousar dizer isso? Bom, e vou recebê-lo em San Juan, e me sinto muito, muito honrado.

E se vincula ao seu primeiro doutorado honoris causa.

É verdade, meu primeiro *honoris causa*, que é o que mais me emocionou — depois recebi outros, de universidades mais antigas e mais famosas, por exemplo, Harvard, Oxford, Cambridge, Tulane, a Universidade de Los Andes — foi o da Universidad de Cuyo. Isso foi em 1955 ou 1956, e devo essa honra a meu amigo Félix Della Paolera, que sugeriu essa honraria ao reitor da Universidade de Cuyo. E eu soube disso por outras pessoas, ele não me disse nada; é um velho amigo de Adrogué.

Voltando aos clássicos, sr. Borges, o senhor indica dois caminhos seguidos por eles. O primeiro, seguido por Homero, Milton ou Torquato Tasso, que segundo o senhor, invocaram a mesma musa inspiradora ou o espírito.

São aqueles que se propuseram escrever uma obra prima, sim. Bem, é aquilo que agora é chamado de inconsciente, mas vem a ser a mesma coisa; os hebreus falavam do espírito; os gregos, da musa; e a nossa mitologia atual fala do inconsciente — no século passado se dizia subconsciente. É a mesma coisa, não é? Isso me faz lembrar de William Butler Yeats, que falava da grande memória. Dizia que, além da memória dada por suas experiências pessoais, todo indivíduo possui a grande memória — *the great memory* —, que seria a memória dos antepassados — que se multiplica geometricamente —, ou seja, a memória da espécie humana. De modo que não importa que aconteçam ou não muitas coisas com um homem, uma vez que dispõe desse quase infinito receptáculo que é a memória dos antepassados, que vem a ser todo o passado.

E depois o senhor menciona outro procedimento seguido

pelos clássicos para atingir a forma final de uma obra, que seria remontar um fio, ou partir de um fato aparentemente secundário ou anônimo, como no caso de Shakespeare, por exemplo, que dizia não se importar tanto com o argumento, mas...

Com as possibilidades desse argumento. Essas possibilidades são, de fato, infinitas. Isso parece estranho no caso da literatura, mas não no caso da pintura ou das artes plásticas. Por exemplo, quantos escultores ensaiaram com felicidade a estátua equestre, que mais ou menos são variações do tema do cavaleiro, o homem a cavalo. E isso deu resultados tão diversos como a *Gattamelata*, o *Colleoni*. E... melhor esquecer as estátuas de Garibaldi (*ambos riem*), que vêm a ser um exemplo um pouco melancólico do gênero, já que também são estátuas equestres. E quantos pintores pintaram *A virgem e o menino*, *A crucifixão*? E, no entanto, cada um desses quadros é diferente.

Ah, sim, as preciosas variações.

Sim, e no caso dos trágicos gregos, eles tratavam de assuntos já conhecidos pelo público. E isso lhes poupava muitas explicações, já que "Prometeu acorrentado" aludia a algo conhecido por todos. Mas a literatura talvez seja de fato uma série de variantes sobre alguns temas essenciais. Por exemplo, um dos temas seria o retorno; o exemplo clássico seria a *Odisseia*, não é?

Sim.

Ou o tema dos amantes que se encontram, dos amantes que morrem juntos. Há uns poucos temas essenciais que geram livros completamente diversos.

Sim, agora, como o senhor disse, a vigência de um clássico depende da curiosidade ou da apatia das gerações de leitores.

Sim.

Ou seja, no começo a obra não é manejada pelo acaso, mas

pelo espírito ou a musa, mas depois é deixada ao acaso dos leitores.

Mas quem pode saber se é um acaso? Ontem reparei na importância da leitura que cada um faz, porque ouvi duas análises de um conto meu... o conto se chama "O Evangelho segundo Marcos". Essas duas interpretações eram dois contos bastante diferentes, já que eram duas interpretações muito inventivas, feitas por um psicanalista e por uma pessoa versada em teologia. Ou seja, que, de fato, havia três contos: meu rascunho, que foi o estímulo do que eles disseram — e eu agradeci isso porque é possível que cada texto seja um Proteu, que possa adquirir diversas formas, já que a leitura pode ser um ato criativo, não menos que a escrita. Como disse Emerson, um livro é uma coisa entre as coisas, uma coisa morta até que alguém o abre. E então pode acontecer o fato estético, ou seja, aquilo que está morto ressuscita — e ressuscita numa forma que não é necessariamente aquela que teve quando o tema foi apresentado ao autor; toma uma forma distinta, bem, essas preciosas variações que o senhor acaba de mencionar.

Mas que curioso que um psicanalista e um teólogo tenham se entendido através de um conto seu.

Bom, era um teólogo... era uma teóloga, na verdade, um pouco discípula dos mitos de Jung, de modo que se encontraram nesse mundo teológico de Jung (*ambos riem*).

É claro, está explicado.

Sim, mas na verdade era uma associação teológica, na qual apareciam o Pai, o Filho, o Espírito Santo... acho que conseguiram intercalar a Virgem Maria também, e a deusa terra. E deram importância a dois elementos, o fogo e a água, mas eu suponho que, se eu falava da planície, também deveria estar a terra, e se os personagens respiravam, também deveria estar o ar, não é?

Os quatro elementos.

Eu acho que estavam os quatro, não é? Seria muito difícil prescindir dos quatro elementos, não é? Eles insistiram especialmente na presença da água – uma inundação, uma chuva; na presença do fogo – que queima parte da casa. Mas se esqueceram de que os personagens não se asfixiavam, ou seja, que ali havia ar, e que ali estava a terra, já que um exemplo muito evidente da terra seria essa região que os literatos chamam de pampa.

Agora, continuando com os clássicos, o senhor nos disse que, ao nos compenetrarmos em um autor, somos, de alguma maneira, esse autor. Segundo o senhor, enquanto dura a leitura de Shakespeare, somos Shakespeare.

Sim, no caso de um soneto, por exemplo, voltamos a ser aquele que o autor foi quando o escreveu, ou quando o pensou. Ou seja, no momento em que dizemos "Serão pó, mas pó apaixonado",[1] somos Quevedo, ou somos algum latino – Propércio – que inspirou Quevedo.

Mas o senhor, que se compenetrou dos clássicos de sua predileção...

Sim, porque cada um escolhe. Eu fracassei com alguns; por exemplo, fracassei completamente com os clássicos do romance, que é um gênero assaz recente. Mas também com alguns clássicos antigos: lembro de ter adquirido a obra de Rabelais em duas edições distintas, porque pensei: "Nesta edição não posso lê-lo, talvez com outra letra, e com outra encadernação eu consiga". Mas fracassei nas duas vezes. Com exceção de algumas passagens felizes, entre elas, uma da qual gostava Xul Solar: trata-se de uma ilha na qual há árvores, e essas árvores produzem instrumentos, ferramentas. Por exemplo, há uma árvore que dá martelos, outra que dá armas brancas, outra que dá ferros de passar, enfim, uma ilha fantástica. E nós escolhemos esse capítulo – Silvina Ocampo, Bioy Casares e eu – para a *Antología de la li-*

---

[1] Polvo serán, mas polvo enamorado.

teratura fantástica: "A ilha das ferramentas", ou "As árvores das ferramentas", não me lembro bem, mas é de Rabelais, e li com muito prazer.

Essa família de clássicos de sua predileção, sr. Borges, de alguma maneira já o incorporou. Diz-se que o senhor é um clássico vivo. O que o senhor acha disso?

Bem... é um erro generoso. Mas, de qualquer forma, tenho transmitido o amor pelos clássicos a outros.

Sim, realmente.

E de algum clássico recente, um pouco esquecido agora, porque clássicos recentes são esquecidos. Por exemplo, eu divulguei em diferentes continentes o amor por Stevenson, o amor por Shaw, o amor por Chesterton, o amor por Mark Twain, o amor por Emerson; e talvez isso seja o ponto essencial daquilo que se convencionou em designar minha obra: ter difundido esse amor. Bem, também ter ensinado, o que não é ruim. Minha família está vinculada ao ensino: meu pai foi professor de psicologia; uma tia avó minha foi uma das fundadoras do Instituto de Lenguas Vivas; acho que o nome dela está escrito em alguma pedra, um mármore desse edifício: Carolina Haslam Suárez.

Então comemoramos, sr. Borges, este seu novo aniversário com a lembrança dos clássicos.

Sim, é uma boa ideia.

DANTE, UMA LEITURA INFINITA

OSVALDO FERRARI — *Há um clássico, sr. Borges, que sempre chega aos nossos diálogos de uma maneira um pouco lateral, e do qual deveríamos tratar de forma direta em algum momento; é um clássico italiano, que, às vezes, faz o senhor se lembrar das aventuras de Ulisses em um lugar diferente do mar Egeu, do mar Mediterrâneo. Estou falando de Dante, é claro.*

JORGE LUIS BORGES — Sim, certamente... bem, é um tema infinito.

Inesgotável, realmente.

Na epístola a Cangrande de la Scala, ele dizia que seu livro podia ser lido de quatro maneiras, como a Sagrada Escritura, não é? Mas isso pode ser feito de muitas outras formas, sem dúvida, e não unicamente naquelas. Sim, porque ele fala de uma quádrupla leitura; não lembro qual é a divisão, e ele toma isso da Sagrada Escritura, dos teólogos daquela época. Agora, segundo os cabalistas, a Sagrada Escritura — que seria o Antigo Testamento — teria sido escrita em função de cada um dos leitores, já que os leitores são os fiéis, e isso não é tão difícil, pois os leitores são obra de Deus assim como a Sagrada Escritura. Deus pode ter premeditado tudo no mesmo instante — se é que podemos falar em instantes no caso de Deus —, não é?

Isso me faz lembrar algo que há pouco tempo me disse Alberto Girri sobre a poesia: trata-se da ideia de que o poema busca seu leitor, encontra seu leitor, cria seu leitor.

Ah, bom, sim.

Além disso, poderia existir inclusive a possibilidade de haver um leitor para um determinado poema.

Sim, e eu acho que é importante que o livro encontre seu leitor, porque se não encontrarmos nosso leitor, escrevemos em vão. Agora, os cabalistas pensavam que, bem, cada versículo da Sagrada Escritura havia sido escrito em função de cada um dos leitores das muitas gerações que o viriam a ler. Era especialmente para cada um, porque quando lemos a Bíblia, estamos ouvindo uma comunicação pessoal da divindade. Seria algo assim, não é?

Da divindade para cada um dos leitores.

Sim, para cada um dos leitores. Eu já pensei que seria possível escrever — embora seja impraticável — um conto... mas é claro que inventar o argumento já seria impossível, mas a ideia é bela: sabemos que depois que Dante escreveu *A divina comédia*, foi a Veneza, e já que Dante era essencialmente um homem de letras, por que não supor que lhe ocorreu, ou melhor, que descobriu, que viu um argumento para outro poema? Se fosse possível chegar a essa ideia, teríamos feito algo... seríamos quase Dante, porque, o que se poderia escrever depois de se ter escrito *A divina comédia*? Parece que nesse livro já está tudo; me surpreende que haja escritores que tenham se animado a escrever depois de Dante; no entanto, para citar um só exemplo, temos o caso de Ariosto, cujo *Orlando* talvez não seja menos significativo ou menos grato do que *A divina comédia*, e não se parece em nada. Ou seja, nenhum escritor esgota a literatura, mas o que pode ter escrito Dante, o indivíduo Dante Alighieri depois de ter escrito esse livro total que é *A divina comédia*? Se pudéssemos simplesmente escrever o argumento, teríamos então um conto muito, muito bonito. Mas esse conto só poderia ter sido escrito por Dante. Seria necessário encontrar algo, algo que pudesse interessar Dante depois de ter escrito *A divina comédia*.

E em Veneza.
Bom, Veneza teria que ser um estímulo.

Certamente.
E como Veneza parece ser um lugar feito para estímulos artísticos, não seria nada mal. Não há dúvida: essa cidade deve ter surpreendido Dante. Além disso, não é difícil supor que ele nunca a tinha visto – talvez ele fale de Veneza em algum lugar da *Comédia*; que eu me lembre não, mas minha memória é menos perfeita que o rimário, tem algumas divisões –, vamos supor que não, que ele nunca ouviu falar de Veneza, que ele descobre Veneza; que chega a essa cidade em que as ruas são – como diria Pascal muito depois – "estradas que andam", que são os canais. Bem, isso deve ter sugerido algo a Dante, sim, mas, que ideia digna de Dante? Isso me parece muito difícil, ou talvez impossível.

Bom, talvez surja em algum momento, sr. Borges, em algum momento de inspiração.
Sim.

Mas, há pouco tempo, o senhor dedicou um livro de ensaios a Dante.
Sim, esse livro foi publicado... me disseram que é uma coleção de erros, e possui um prólogo do qual não quero me lembrar por diversos motivos. Também me disseram que é uma edição, bem, na qual omitiram, talvez com muito juízo, parágrafos, eu não pude corrigir as provas. Além disso, também não posso corrigir provas. Enfim, aquele livro alberga somente uma parte do que pode sugerir uma leitura infinita como a leitura de Dante. Eu tinha em casa doze, dez ou doze edições da *Divina comédia*, já que gostava de reler o poema, e, para isso, sempre procurava edições diferentes, porque cada vez lia o texto e os comentários. E, dessa forma, cheguei a ler comentários do século XIX, comentários contemporâneos, enfim. Ou seja, li diversas edições da *Divina comédia*, e ainda tenho a versão inglesa de Longfellow, que

possui extensas notas que foram tomadas de comentadores italianos, cujas obras agora não se reimprimem. Assim, essa velha edição de Longfellow pode conter novidades, já que o que esses comentadores disseram foi esquecido. Agora, é curioso o caso dos comentadores. Acho que os primeiros comentários foram de índole teológica, e acho que foi Boccacio quem pensou no nome "divina comédia". O autor não havia pensado nisso. Então, os primeiros foram de tipo teológico, depois vieram outros comentários de tipo histórico, e depois, em outros comentários se procuraram "as simpatias e diferenças", para citar Alfonso Reyes, de Dante e de Virgílio. E depois, neste século, foram ensaiados outros tipos de comentários, os de ordem estética, que fazem notar, por exemplo, por que determinado verso é eufônico; tratam dos sons das palavras, das conotações das palavras. Isso não tinha sido observado antes, de modo que a história dos comentários sobre Dante, em si, seria interessante, ou seria um bom tema. O livro dele é lido cada vez de uma maneira diferente... – seria bom fazer uma ilustração sobre esse tema das quatro leituras que mencionava Dante. Mas ele pensava especialmente no sentido, no fato de que isso pudesse ser lido, digamos, como uma versão verossímil do inferno, do purgatório ou do paraíso; se não, acho que foi o filho de Dante que disse que Dante havia planejado descrever a vida dos justos, e que isso corresponderia ao Paraíso, a vida dos penitentes, que corresponde ao Purgatório, e a vida dos malvados, dos réprobos, e isso corresponderia ao Inferno. Ou seja, o propósito de Dante não foi uma descrição desses lugares, mas...

Um propósito ético.

Sim, um propósito ético, e também um propósito alegórico. Atualmente, falar em alegoria parece algo artificial, mas essa foi a maneira natural de pensar daquilo que chamamos a Idade Média. Diga-se de passagem, esse nome, Idade Média, é absurdo. Um historiador holandês, Horn, inventou essa divisão da história, que foi censurada por Spengler nas primeiras páginas de *O declínio do Ocidente*. Como dividir a história em Idade Antiga, Idade Média e Idade Moderna? Já que a Idade Antiga, bem, se estende infinitamente para trás. O conceito de Idade Média não sei se pode ser justificado; e a Idade Moderna cresce e cresce, e a isso devemos acrescentar a história contemporânea. E essa divisão foi aceita por todo mundo e, no entanto, é evidentemente ilógica. Antes se pensou que a Idade Média era uma época em que a história havia se deteriorado, uma vez que a Renascença é uma solicitação de início, porque implica supor que tudo estava morto e que renascia, e, no entanto, devemos à chamada Idade Média, bem, a arquitetura que depois seria chamada gótica, e que não é desprezível; temos também os grandes poemas heroicos: a *Chanson de Roland*, o *Beowulf*...

A épica.

A épica, sim e *A divina comédia* também, de modo que é evidente que não era uma época tão morta. Depois, a filosofia muda seu vocabulário, mas há diversas escolas. É um erro supor que a Idade Média foi uma espécie de longo sonho dogmático, um erro notório. Por exemplo, até faz pouco tempo, nas histórias da filosofia, inclusive na de Deussen, dedica-se, eu acho, um volume inteiro à filosofia da Idade Média, só um, e três volumes são dedicados à Índia, por exemplo, e o que vem depois, com a Renascença em diante, implica volumes e volumes: um volume inteiro dedicado a Schopenhauer, entre outros. Não sei por que a Idade Média tem sido tão subestimada, que depois foi redescoberta pelos românticos.

Essa vocação de Dante me faz lembrar, sr. Borges, que falamos de seus contos e de seus poemas, mas não falamos de seus ensaios, e o senhor praticou o ensaio ao longo do tempo.

Sim, mas agora o deixei de lado, porque penso que o

ensaio corresponde às opiniões; as opiniões me parecem tão mutáveis e tão desprezíveis... não sei se voltarei a escrever um ensaio na minha vida, talvez não, ou o farei de uma maneira indireta, como nós dois estamos fazendo agora. Por outro lado, eu vejo meu futuro — meu breve futuro, espero — o vejo como sendo dedicado ao conto, ao conto fantástico, é claro, e também à poesia, já que incorri nesse mau hábito de fazer versos.

Mas o senhor sabe que quando o poeta reflete, como no caso do ensaio, coloca em prática um tipo de lucidez distinta da do filósofo ou do teólogo, e que pode ser útil, pode abrir novos campos.

Certamente e, além disso, tenho certeza de que a crítica enriquece as obras; aquilo que o senhor falou sobre Girri, não é?

Sim.

Também pode ser isso, e talvez a obra de Shakespeare seja mais rica agora do que quando foi escrita, já que por essa obra passaram Coleridge, Bradley e outros críticos e isso deve tê-la enriquecido. E no caso Dante, também; tantas leituras passaram que deve ter enriquecido. E, sem dúvida, o fato de Unamuno ter escrito a vida de Dom Quixote e Sancho modificou, para muitos, o *Quixote*; a obra é sempre renovada, especialmente quando é lida, bem, por críticos muito, muito inventivos.

Dante também estabelece, talvez, um marco na visão do amor que começa com Platão, que continua, entre outros, com Dante, e que se prolonga na visão romântica do amor.

Sim, o amor "que move o sol e as outras estrelas". Bem, ele também dá um sentido teológico ao amor.

Exatamente, como uma possibilidade de transcendência através do amor, uma possibilidade de elevação, não é verdade?

Sim e também a beleza estética, que para mim é o essencial da *Divina comédia*, já que não posso acreditar em sua mitologia; a ideia, por exemplo, de castigos, a ideia de recompensas, me são completamente alheias, até acho imorais essas ideias. No entanto, enquanto lemos *A divina comédia*, nossa imaginação aceita, sem problema, o conceito de castigo e de prêmio. E, bem, esquecemos que depois viriam Swedenborg, que acreditava que não, acreditava que cada homem escolhe o céu ou escolhe o inferno. Ou seja, que não é algo imposto por um juiz, é algo para o qual o homem tende. Swedenborg pensava que quando morremos, nos sentimos um pouco perdidos, e depois nos encontramos com desconhecidos; e esses desconhecidos – nós não sabemos – podem ser anjos ou podem ser demônios. E encontramos prazer na conversação com alguns e desagrado na conversação com outros; então, escolhemos deliberadamente o céu ou o inferno.

Temos a liberdade para escolher.

Sim, temos esse livre-arbítrio não somente durante a vida, mas depois de morto. E várias vezes, ele imagina o caso de um réprobo que chega ao paraíso, ao céu, e então esse réprobo está, bem, nos jardins do céu, está ouvindo a música do céu, está conversando com anjos, e acha tudo isso horrível e fétido. E também sofre; por exemplo, ele sente a luz como uma ferida.

O céu dele seria o inferno.

Sim, e então ele volta ao inferno. E agora me lembro do Satanás de Milton, que diz que onde quer que ele esteja, ali estará o inferno. Depois, ele diz "*I myself am hell*" ("Eu mesmo sou o inferno"). Ou seja, ele concebe o inferno não como algo situado em algum lugar, mas como um estado de ânimo, ou como o estado de uma alma. Ainda no caso de Swedenborg, os demônios moram em um mundo... bastante parecido com o dos políticos; por exemplo, conspirando uns contra os outros – supõe-se que o demônio não é sempre o mesmo indivíduo, já que vivem continuamente confabulando um contra o outro, em sucessão.

Nesse caso, o senhor fez uma analogia com a política?

Bem, eu acho que... me parece que não há dúvida sobre isso, não é? Justamente um mundo de ambições pessoais, de hierarquias.

Do poder.

Sim, de caudilhos... bem, mais ou menos aquilo que foi chamado *O processo*, que se parece menos com o céu do que com o inferno.

LITERATURA REALISTA
E LITERATURA FANTÁSTICA

Osvaldo Ferrari – *Sentimos que o senhor, por natureza, se vincula à literatura fantástica, sr. Borges. Mas, além de escrever dentro dela, o senhor fez reflexões sobre o valor da literatura fantástica.*

Jorge Luis Borges – Bem, eu diria que toda literatura é essencialmente fantástica, que a ideia da literatura realista é falsa, já que o leitor sabe que aquilo que lhe estão contando é uma ficção. Além disso, a literatura começa pelo fantástico, ou, como disse Paul Valéry, o gênero mais antigo da literatura é a cosmogonia, que viria a ser o mesmo. Ou seja, a ideia da literatura realista talvez date do romance picaresco e talvez tenha sido uma invenção funesta, porque, sobretudo neste continente, todos se dedicaram... a um romance de costumes, que seria um pouco descendente do romance picaresco, ou aos chamados "protestos sociais", que também são uma forma de realismo. Mas, felizmente, para nossa América e para a língua espanhola, Lugones publicou em 1905 *As forças estranhas*, que é um livro de deliberados contos fantásticos. E Lugones costuma ser esquecido e se supõe que nossa geração... bem, digamos que Bioy Casares, Silvina Ocampo e eu iniciamos esse tipo de literatura e isso deu frutos e deu escritores tão ilustres como García Márquez ou como Cortázar. Mas não, já que realmente...

Lugones os antecedeu.

Sim, teríamos que mencionar Lugones; ou seja, tende-se a ser injusto com Lugones já que sempre é julgado pela sua última posição política: o fascismo, e se esquece que antes ele foi anarquista, que foi socialista, que foi partidário dos aliados, ou seja, da democracia, durante a Primeira Guerra Mundial. E que depois, não sei por que se deixou seduzir por Mussolini. Bom, Hitler também se deixou seduzir por Mussolini.

Agora, no entanto, sua Antología de la literatura fantástica, *feita com Bioy Casares e Silvina Ocampo...*
Eu acho que esse livro fez muito bem, acho que foi uma obra benéfica. E depois publicamos um segundo volume, mas eu acho que isso deve ter influenciado... talvez em outras literaturas sul-americanas.

Sem dúvida.
E a literatura espanhola também. Bom, temos também aquele outro grande escritor fantástico: Ramón Gómez de La Serna, que é essencialmente um escritor fantástico.

Em uma de suas reflexões, o senhor diz que a literatura fantástica não é uma evasão da realidade, mas que nos ajuda a compreendê-la de um modo mais profundo e complexo.
Eu diria que a literatura fantástica faz parte da realidade, uma vez que a realidade deve abranger tudo. É absurdo supor que esse tudo é aquilo que mostram de manhã os jornais, ou aquilo que outros leem nos jornais, já que eu, pessoalmente, não leio jornais, nunca na minha vida li um jornal.

(Ri) *Bom, isso explica por que o senhor não parece partidário da literatura realista.*
A literatura realista é um gênero assaz recente, e talvez desapareça. E especialmente isso... bem, agora é um preconceito muito comum: a ideia de que um escritor deve escrever para um determinado público, que esse público tem que ser de compatriotas, que está vedado à sua imaginação ir além do que conhece pessoalmente, que cada escritor deve falar de seu país, de determinada classe desse país... são

ideias completamente alheias à literatura, já que a literatura, como o senhor sabe, começa pela poesia.

Sim.

E a poesia não é certamente contemporânea; mas ninguém supõe, bem, que Homero fosse contemporâneo da guerra de Troia.

Evidentemente, o contrário implicaria um tipo de determinismo literário, completamente negativo.

Sim, mas isso é muito comum. Por exemplo, é muito comum que venham jornalistas e me perguntem: "qual é a sua mensagem?". E eu respondo que não tenho nenhuma mensagem — as mensagens pertencem aos anjos, já que anjo significa mensageiro em grego — e eu não sou, evidentemente, um anjo. Kipling disse que a um escritor é permitido inventar uma fábula, mas que não lhe é permitido saber a moral. Ou seja, um escritor escreve para um fim, mas, na verdade, o fim que procura é essa fábula. Eu imagino que mesmo no caso de Esopo — ou dos gregos que chamamos Esopo — lhe interessava mais a ideia de animaizinhos que conversam do que a moral da fábula. Além disso, seria muito estranho que alguém começasse por algo tão abstrato como a moral, e que depois chegasse a uma fábula. Parece mais natural supor que se comece pela fábula. É evidente que as literaturas começam pelo fantástico. Bom, e nos sonhos — que vêm a ser uma forma muito antiga de arte —, nos sonhos não raciocinamos; estamos criando pequenas obras dramáticas.

Pelo que parece, a primeira literatura, além de não ter sido de índole realista, se vinculou com o religioso e até com o sagrado.

E também com o mágico.

Certamente.

Por exemplo, em uma das obras que eu considero capitais, imagino que os que sonharam *As mil e uma noites* não pensaram em uma moral: sonhavam, se deixavam sonhar, e assim surgiu esse esplêndido livro.

Acho que a literatura realista corresponde mais a este século do que a nenhum outro.

Bem, no século passado, o naturalismo também.

Sim, mas se afirma neste.

Sim, se afirma neste século. Mas já no século passado, essa ideia curiosa de Zola de que cada um de seus romances era uma experiência científica... o que, felizmente, não é assim, já que Zola era um homem meio alucinatório, não é? Os romances de Zola agora são lidos como belas alucinações, não como obras científicas sobre os franceses da época do segundo império, que é o que ele queria.

Eu penso que o senhor elaborou outra antologia da literatura fantástica com seu Livro dos Sonhos.

Sim, pode ser. Eu selecionei aquilo com Roy Bartholomew. Eu acho que é um belo livro.

Seguramente.

Embora haja muitos sonhos tomados do Antigo Testamento, não é?

No entanto, estão entre os melhores. Há também algumas composições suas; eu prefiro uma delas: "Sueña Alonso Quijano". Não sei se se lembra.

Não, não me lembro. Eu tento esquecer o que escrevo. Além disso, tenho que esquecer o que escrevo porque, caso contrário, me sentiria desapontado. Porque eu quero continuar escrevendo, então é conveniente esquecer o falível passado e pensar em um futuro que talvez não chegue nunca, mas que eu possa conceber como algo mais generoso do que o passado.

Mas, ao longo do tempo, acontece um encontro e um desencontro entre o senhor e Alonso Quijano ou com Cervantes.

Sim, é verdade. Alguém publicou uma tese sobre a minha relação com o Quixote. Encontrou não sei quantas composições ou não sei quantas passagens em que eu volto ao tema do Quixote. Bom, quem também cultuava o Quixote era Macedonio Fernández. Em geral, ele não gostava do que é espanhol, mas do Quixote sim. E de maneira demagógica, Macedonio Fernández propôs que todos os americanos do sul e todos os espanhóis nos chamássemos "A família de Cervantes", já que Cervantes viria a ser um vínculo, não é? Um vínculo que atravessa o Atlântico. É uma linda ideia, porque "A família de Cervantes" fica bem, não é?

Certamente.

SILVINA OCAMPO, BIOY CASARES E JUAN R. WILCOCK

OSVALDO FERRARI — *Me chama a atenção, sr. Borges, uma vez que eu compartilho plenamente a ideia — e me parece um ato de justiça destacar —, o lugar singular que o senhor atribui a Silvina Ocampo em nossa literatura. Acredito que o senhor é o único que fala claramente da importância dessa escritora e da dimensão do seu talento.*

JORGE LUIS BORGES — Sim, ela foi prejudicada pelo seu sobrenome, não é? Ela é vista em função de Victoria Ocampo, uma irmã mais nova de Victoria, e isso esgota sua definição, que é completamente falso, não é? Sim, Victoria escreveu sobre ela, mas o fez com o tom de uma irmã mais velha que fala de uma irmã mais nova. É melhor esquecer essa relação, já que são duas pessoas muito diferentes, diversamente benéficas para este país. Victoria, sobretudo, tem feito uma obra de difusão... bem, a obra de Victoria é muito importante, mas não é importante, digamos, no sentido poético. Por outro lado, eu vejo em Silvina uma sensibilidade, bem, uma sensibilidade finíssima, e o fato de sentir tudo de forma poética.

Sim.

Agora, eu, pessoalmente, gosto mais da poesia dela do que de sua prosa, já que há uma certa crueldade na prosa que, bom, eu não posso compartilhar com ela. Por outro lado, há poemas, por exemplo, "Enumeración de la Patria", nos quais não há nenhum matiz cruel. São poemas esplêndidos, como a "Oda escolar" que ela escreveu, por exemplo. Silvina possui uma sensibilidade... uma sensibilidade como... universal: o fato de ela sentir a poesia inglesa, a poesia italiana, a poesia espanhola também, que as sinta com igual intensidade e que possa também sentir desses diversos modos, dentro do idioma espanhol.

É real. Agora, ela foi descoberta há pouco na Itália e na França, e é permanentemente revalorizada.

Sim, acho que sim. Na França pelo menos; na Itália eu não sabia, mas possivelmente aconteça isso.

Ela foi premiada em ambos os países, e há poucas semanas foi condecorada pela França.

Ah! Pela França, sim.

O senhor se lembra de ter escrito em colaboração com Silvina Ocampo e Adolfo Bioy Casares, aquele livro...

Não, esse livro foi feito por Bioy e por mim, Silvina realmente colaborou pouco. O senhor se refere àquela antologia que fizemos? Não, eu acho que foi feita por Bioy e por mim; não tenho certeza, na verdade, já que minhas lembranças pessoais são tão turvas.

Houve até uma antologia de poesia argentina, feita em colaboração.

Sim, e depois a *Antología de la literatura fantástica*, que foi tão importante; eu diria, bom, que para a língua espanhola, não é? Já que se pensava na literatura sobretudo de forma realista, e o fato de haver uma antologia da literatura fantástica, bem, era uma liberdade para sonhar que se abria para os leitores. De modo que eu penso que aquele livro é talvez o livro mais importante que publicamos: essa *Antología de la literatura fantástica*, e depois veio um segundo volume, não menos importante que o primeiro, e em todos eles abriram-se vastas possibilidades que foram muito bem aproveitadas depois. De modo que eu acho que, mesmo tendo sido unicamente pela *Antología de la literatura fantástica*, influenciamos nas diversas literaturas cujo instrumento é a língua espanhola, ou seja, fomos benéficos.

Sem sombra de dúvida!

Abrimos possibilidades. Agora, no caso de Silvina Ocampo, ela não é só uma excelente poeta, é também uma excelente pintora, uma excelente escultora e uma excelente musicista também, já que ela se interessa tão diversamente pela beleza; e em regiões em que eu não posso acompanhá--la, obviamente, pois eu não sei, realmente, meu sentido da pintura... não sei se sou capaz de sentir a música mais além dos *blues*, ou os *spirituals*... e talvez a milonga...[1] e Brahms me emociona, mas eu não poderia explicar por que me emociona.

Brahms é uma emoção compartilhada com ela.

Eu acho que sim. Bem, Bioy e eu descobrimos isso, porque Silvina costumava colocar discos, e depois de um tempo vimos que quando ela colocava determinados discos, nós trabalhávamos bem; quando colocava outros, eles não nos estimulavam. Então, averiguamos os nomes que correspondiam a esses discos e soubemos que não nos convinha ou nos prejudicava Debussy, e que nos convinha muito Brahms. Isso é tudo o que eu posso dizer; é claro que eu não sei nada de música, já que nem distinguia um do outro. Eu sabia que um deles me comovia e o outro não, e nada mais; e que eu era sensível a Brahms e era insensível, sem dúvida, injustamente, a Debussy.

No caso de Silvina Ocampo, o senhor mencionou algo que me parece importante; o senhor disse que a prosa dela — a prosa de Silvina Ocampo — adquire dimensão graças à irrupção do poético do sentido do poético que existe nela, aplicado à prosa.

Eu não sei se existe uma diferença essencial entre a poesia e a prosa, exceto, bem, segundo Stevenson, o que chamamos prosa é a forma mais difícil da poesia. Não há literatura sem poesia, até na literatura, digamos, dos peles-vermelhas

---

[1] Música popular do Río de La Plata que se toca com violão e se dança.

ou dos esquimós ou de tribos bárbaras, sempre existe poesia. Mas há literaturas que nunca chegaram à prosa. Por exemplo, na universidade, em 1955, começamos a estudar inglês antigo, o anglo-saxão, e não demorei a descobrir que os saxões haviam escrito uma admirável poesia épica e elegíaca, em anglo-saxão. Mas no curso dos cinco séculos que dominaram a Inglaterra, não escreveram uma boa página em prosa sequer. Ou seja, a prosa seria uma forma tardia e complexa da poesia. Agora, muita gente pensa o contrário, supõe que a prosa é mais fácil, mas isso é dito por pessoas que não têm ouvido, que não percebem que aquilo que elas chamam de prosa é meramente cacofônico, sim. Uma explicação, dada por Stevenson, é a seguinte: Stevenson diz que se conseguirmos uma unidade métrica, por exemplo, um verso hendecassílabo, um verso octossílabo, daqueles escritos por repentistas, um verso alexandrino, ou um verso aliterado — isso corresponde à literatura germânica —, ou um verso em que se contam as sílabas longas e breves: o hexâmetro dos gregos e dos romanos... temos simplesmente que repetir essa unidade e já temos o poema, não é? Ou seja, se você tiver um hendecassílabo, bem, você consegue mais treze, e se estiverem rimados como devem estar, então o soneto está pronto. Por outro lado, na prosa você tem que inventar continuamente variações, e essas variações têm que ser, ao mesmo tempo, inesperadas e agradáveis. Ou seja, se você escreveu "Em um lugar de La Mancha, de cujo nome não tenciono me lembrar...",[2] isso não lhe fornece nenhum meio para continuar, uma vez que você não pode repetir essa linha. Por outro lado, se você escrever "Correntes, águas, puras, cristalinas",[3] isso já lhe dá uma unidade, e é só repetir, não é? E na prosa não, na prosa você tem que mudar as unidades, e essas unidades têm que ser inesperadas e, ao mesmo tempo, agradáveis. Ou seja, a prosa viria a ser, como disse há pouco,

[2]Início de *Dom Quixote*.
[3]Écloga I, de Garcilaso de La Vega.

a forma mais difícil da poesia. Agora, é claro que as palavras poético e prosaico possuem outro sentido: entende-se que o prosaico é o comum, o cotidiano, e que o poético é o extraordinário, o sensível. Mas isso talvez seja um erro, talvez, como disse em outra oportunidade, para um verdadeiro poeta, todo momento seria poético, e nada seria prosaico (no sentido pejorativo da palavra *prosaico*), que nada tem a ver com a arte da prosa.

Sim. Agora, o senhor diz que Silvina Ocampo é capaz de sentir todo momento de forma poética.

Eu acho que sim.

No entanto, ela fala...

De muitas coisas. Por exemplo, eu notei — na obra dela —, bem, fala-se de insetos.

Do mágico.

Sim. Eu só posso sentir os insetos como algo incômodo. Enfim, pode ser um erro meu, não é? Considerando que há tantos insetos, Deus deve gostar deles — se é que Deus existe —, não é? Caso contrário, para que tantos? Eu não preciso de milhões e milhões de formigas, mas parece que Deus sim (*ri*). Ele tem necessidades muito diferentes das minhas. Eu preferiria que não houvesse uma só formiga, poderia viver feliz sem formigas, até de mosquitos eu gostaria de prescindir. Mas parece que Deus não, para Deus um mosquito não é menos precioso e único que, bem, que Shakespeare, digamos.

O senhor gostaria de um mundo "desinsetizado" (ambos riem).

Eu acho que sim, sim. Agora, isso na minha pobre sensibilidade. Talvez, para Deus cada inseto seja tão individual como Shakespeare, se é que os insetos têm consciência individual, o que não sabemos. Talvez possuam uma consciência coletiva, na verdade, não é? Isso é possível. Talvez uma abelha não se sinta como uma abelha, mas como mem-

bro de uma colmeia, isso poderia ser; isso explicaria por que
os animais não inventam: há uma colmeia ou um formigueiro que se repetem ao longo dos séculos. Por outro lado,
o homem não; o homem ensaia pequenas variações que vão,
bem, desde uma cabana ou desde um iglu até Manhattan,
por exemplo.

E faz ensaios individuais.

E faz ensaios individuais também, sim.

Dizia que Silvina Ocampo disse: "Tenho a inteligência que me dá a sensibilidade", e eu acho que essa é uma magnífica expressão sobre a maneira de sentir da mulher artista.

Não sei se da mulher, do homem também. Eu não sei se pode haver poesia sem sensibilidade, eu acho que não. Ou seja, aquilo que muita gente pensa que a poesia é um jogo de palavras, para mim é um erro. Se não estivesse respaldada pela emoção, modificada pela emoção, a poesia não valeria nada; nesse caso, seria só isso: um jogo de palavras.

Mas o senhor deve reconhecer que no homem, em geral, a inteligência preside o movimento. Por outro lado, na mulher, a sensibilidade parece ser o primeiro movimento dentro de sua estrutura.

Sim, mas eu acho que conviria que a sensibilidade fosse mais importante que o pensamento.

Certo.

Mas isso pode ser uma heresia minha. Agora, Poe pensava que a elaboração de um poema é uma operação intelectual, mas eu acho que não, tenho certeza de que estava errado, ou que era uma brincadeira dele, não é? Já que ele não escreveu o poema "O corvo" por motivos intelectuais. Não creio que um poema seja escrito por motivos intelectuais; ele é escrito, bem, por algo mais íntimo ou mais misterioso que uma série de silogismos.

E o que pensa sobre o que disse Baudelaire, que o melhor

poema é aquele que é escrito pelo simples prazer de escrever um poema?

Eu acho que ele estava certo, eu acho que o ato de escrever deve ser agradável. Penso que se houver dificuldade, isso quer dizer que já há certo desajeitamento; penso que, é claro, a escrita deveria ser tão espontânea quanto a leitura: duas felicidades diferentes. Embora talvez seja uma imprudência escrever, e seguramente não é uma imprudência ler (*ri*).

Há um caso estranho, o caso de um escritor argentino – amigo comum seu, de Silvina Ocampo e de Adolfo Bioy Casares – Juan Rodolfo Wilcock, que foi para a Itália e lá escreveu em italiano...

Bem, ele dominava esses idiomas, não é? Sim, acho que o pai dele era inglês, a mãe italiana; suponho que em sua casa ele falava indistintamente esses idiomas, não é? O que sei é que ele se absteve do espanhol e chegou a ser um famoso poeta na Itália, onde o vi pela última vez.

No entanto, a Itália parece ter sido para ele um segundo desterro. Eu estive com ele lá...

Não sabia disso, eu pensei que se sentia muito cômodo na Itália.

Mas vivia em uma grande solidão, e lembrava permanentemente de Buenos Aires.

Mas talvez, para estar em algum lugar, talvez a verdadeira maneira de estar em algum lugar, seja estando longe dele e sentindo falta dele, não é? Não estar é uma forma de estar em um lugar, não é?

É verdade.

Eu não sabia que Wilcock sentia saudades de Buenos Aires.

Pelo menos a manifestava.

Quando se encontrou com ele?

Em 1975.

Ah, bem, não tão recentemente.

Pouco tempo antes de ele morrer.

Sim, eu o conheci... justamente na casa de Silvina Ocampo. Ele morava em Barracas, na avenida Montes de Oca... que antes se chamava Calle Larga de Barracas, que era o que agora é Montes de Oca. E a Calle Larga de La Recoleta era Quintana. Mas era mais longa, mais importante, a de Barracas.

Comento isso porque Wilcock havia sido reconhecido, havia sido considerado em Buenos Aires, e, no entanto, ele foi embora definitivamente de Buenos Aires.

Eu desconheço os motivos íntimos daquela viagem. Quais foram?

Bom, digamos que literariamente não se explica muito: ir embora de Buenos Aires depois de ter tido sucesso aqui, e sair para escrever em um idioma estrangeiro em outro país, é estranho para um escritor, não é verdade?

Sim, mas talvez não fosse um idioma estrangeiro para ele.

Bom, mas até aquele momento havia escrito sempre em espanhol.

Sim, mas se lia continuamente em italiano... embora, não sei... porque ele lia em inglês e não sei se escrevia em inglês. Ele dominava o inglês também. Bem, Wilcock é um sobrenome inglês, é claro.

Mais uma vez, chegamos ao final da conversa, mas se o senhor quiser acrescentar algo, bem, nos concederão mais um minuto.

Bem, me agrada muito que o senhor tenha mencionado esses dois nomes tão queridos por mim, Silvina Ocampo e Wilcock. Gostaria de agradecer por isso.

E Bioy Casares.

E Bioy Casares, certamente.

Para mim também foi muito agradável, sr. Borges. Até a semana que vem.

Até a semana que vem.

SOBRE A HISTÓRIA

OSVALDO FERRARI – *Há um livro sobre o qual o senhor disse que percorrê-lo é como se internar e se perder venturosamente em um venturoso romance, cujos protagonistas são as gerações humanas, cujo teatro é o mundo e cujo enorme tempo é medido por dinastias, por conquistas, por descobrimentos e pela mutação de línguas e de ídolos. Não sei se já adivinhou a que texto me refiro.*
JORGE LUIS BORGES – Pode ser Gibbon?

Exatamente, Gibbon.

Justamente, sim.

De quem o senhor tem lembrado muitas vezes no transcurso dos nossos diálogos.

Bem, Gibbon teve a sorte de ter vivido em uma época de censura, e isso o obrigou à ironia, a dizer as coisas indiretamente – o modo mais forte e eficiente de dizê-las. E poderíamos dizer o mesmo de Voltaire, e tudo isso pararia, curiosamente, em um elogio à censura, já que se toda a liberdade é permitida, tudo é dito diretamente, ou seja, da maneira mais fraca; por outro lado, a censura pode obrigar os homens a praticar o eufemismo, a metáfora, a ironia. Eu não gostaria de fazer apologia da censura, e, além disso, sei que é absurda, pois por que vou permitir que outra pessoa decida por mim? Por exemplo, no caso de um filme, eu devo determinar se devo assisti-lo ou não, e não um funcionário qualquer. É claro que isso favorece todo tipo de obscenidades, e atualmente assistimos a uma espécie de apoteose da pornografia, mas talvez isso seja melhor do que deixar tudo em mãos alheias, sobretudo nas mãos do Estado. Bom, para mim, o Estado é o inimigo comum agora; eu gostaria — e eu disse isso muitas vezes — de um mínimo de Estado e de um máximo de indivíduo. Mas talvez seja necessário esperar, não sei se alguns decênios ou alguns séculos — o que, historicamente, não é nada — embora eu, seguramente, não chegarei a esse mundo sem Estados. Para isso, seria necessário contar com uma humanidade ética e, além disso, uma humanidade intelectualmente mais forte do que é agora, do que somos nós, já que, sem dúvida, somos muito imorais e muito pouco inteligentes se comparados àqueles homens do futuro; por isso eu concordo com a frase: "Eu acredito dogmaticamente no progresso". E acho que essa esperança é necessária, devemos acreditar no progresso, mesmo que, talvez, o progresso não exista... Bem, existia a ideia da espiral, de Goethe, que é uma forma, uma bela metáfora do que muito provavelmente seja o progresso, ou seja, progredimos em espiral, voltando, não é? Não é uma linha reta. Se não acreditamos no progresso, descremos de toda possibilidade de ação. Essa crença minha no progresso seria, ao mesmo tempo, uma expressão da minha crença no livre-arbítrio, ou seja, se me disserem que meu passado inteiro foi fatal, obrigatório, não me importa, mas se me disserem que neste momento eu não posso agir com liberdade, fico desesperado. Eu acho que é a mesma coisa: o conceito de progresso seria para a história o que o conceito de livre-arbítrio é para o homem, para o indivíduo. E de certa forma, o fato de haver hipocrisia é também um progresso, porque, se houver hipocrisia, significa que existe consciência do mal, o que já é algo: aqueles que agem mal sabem que agem mal, e isso já é um avanço. Costumava-se dizer que a hipocrisia é uma homenagem que o mal faz para o bem, ou o vício para a virtude.

Assim, a hipocrisia seria imoral e não amoral.
Sim, pode ser...

Teria consciência do bem e do mal.

Certamente, o fato de eu me ocultar significa que sei que minha ação é ruim. Mas o fato de saber que minha ação é ruim, bem, isso implica, pelo menos, um progresso intelectual, já que não é ético, não é?

Sim, agora, voltando à história, pensei em Gibbon porque faço uma associação com o senhor. O senhor diz que, ao narrar, Gibbon parece se entregar aos fatos que narra, e os reflete, digamos, com uma divina inconsciência, que o assemelha ao destino, ao próprio curso da história.

Eu disse isso?

Sim.

Que estranho, porque, nesse caso, ao dizer isso, eu estava correto. Então, o historiador seria como uma divindade imparcial, não é?

(Ri) *Na melhor das hipóteses.*

Sim, como uma divindade, bem, que se resigna aos fatos, e que talvez os conte sem louvor, e também sem censura.

Um intérprete do destino sem vontade própria.

Sim, teria que ter a imparcialidade do destino, ou a imparcialidade do acaso, talvez, já que não sabemos se existe o destino ou se existe o acaso. Essas duas palavras talvez sejam dois nomes de uma mesma coisa.

Não sabemos.

Não, e possivelmente nunca saibamos, embora alguns digam que, após a morte, saberemos... Bem, o melhor argumento contra a imortalidade da alma que eu li está na psicologia de Spiller; se chama *The Mind of Man* (A mente do homem), mas é um livro de psicologia. Então, ele tem um parágrafo dedicado à imortalidade da alma, e diz que se uma pessoa quebra uma perna, quebra um braço, sofre uma mutilação, isso não representa nenhuma vantagem, nenhum acidente. E a morte – que viria a ser o acidente total

— costuma ser considerada como benéfica para a alma, embora os acidentes parciais nunca o tenham sido. Ou seja, esse argumento é absurdo, já que a morte viria a ser... bem, de alguma forma, um morto é uma pessoa que fica paralítica, cega, que perde a memória e a capacidade de raciocinar. Por que supor que isso o leva imediatamente a outro mundo de sabedoria e de justiça? Logicamente, isso é insustentável.

Ainda que também fosse possível dizer: por que não supor isso?

Literariamente podemos supor qualquer coisa, e a literatura está baseada nisso, digamos, na liberdade dos sonhos.

E de certa forma as religiões também.

Sim, embora as religiões imponham essas imaginações. Quando eu disse que a religião e a metafísica são ramos da literatura fantástica, não o disse com hostilidade ou com adversidade, muito pelo contrário: o que mais poderia desejar São Tomás de Aquino, por exemplo, do que ser o maior poeta do mundo? (*ambos riem*). Sim, porque se considerarmos Spinoza, bem, o conceito de Spinoza: "Deus é uma substância infinita, que consta de infinitos atributos", é muito mais estranho que a ideia dos primeiros homens na lua de Wells, que a máquina do tempo, ou que "A máscara da morte vermelha", de Poe, ou que os pesadelos de Kafka, isso é muito mais estranho.

Ou seja, a fantasia literária é mais simples que a outra, que a mística.

Certamente, isso quer dizer que eu quero levar tudo para a literatura, que é minha disciplina...

Ou que é sua religião.

Ou que é minha religião, sim (*ambos riem*). Bem, seria uma afirmação vaidosa da minha parte, mas seguramente não é hostil. Na verdade, eu admiro a imaginação dos teólogos, da mesma forma que admiro a imaginação dos poetas, embora a imaginação dos poetas seja muito mais pobre do que a imaginação dos teólogos... e que a dos mitólogos também, que, na realidade, também vêm a ser teólogos.

Bem, o senhor admira a imaginação de Swedenborg, por exemplo.
Certamente, bem, aí estão as duas coisas, é claro.

Sim, mas voltando ao livro que mencionei no começo desta conversa: trata-se, naturalmente, Declínio e queda do Império Romano...

Sim, lembro de ter lido que Gibbon escreveu e reescreveu o primeiro capítulo três vezes, e que depois, segundo Leyton Strachey, encontrou a entonação que convinha, encontrou o tom que convinha, e então, é claro, continuou se documentando. Por exemplo, escreveu um capítulo sobre o Islã – provavelmente quando escreveu o primeiro capítulo ele não sabia nada sobre esse tema –, mas já havia encontrado seu estilo, ou seja, sua entonação. E assim que a encontrou, continuou. Agora, na minha mínima esfera de contista, me acontece a mesma coisa: se eu começo um conto, um poema, e encontro a entonação justa, o resto é uma questão de tempo, de paciência, principalmente de esperar que me sejam reveladas algumas coisas. Mas encontrei o mais importante, ou seja, se tiver uma página, essa página me indica o resto, ou me diz como devem ser escritas as restantes.

Isso me faz lembrar daquela frase de Julien Green, lembrada por Mallea: "Se tiver o tom, já tem quase tudo".
Ah, ele disse isso?

Sim, e o senhor faz referência à entonação.
Bem, isso coincide exatamente com o que acabo de dizer. Não sabia que Julien Green tinha dito isso. Mas que estranho o caso dele, não é? Ele escolheu outro idioma, o francês. Ele escreveu em francês e era norte-americano.

É verdade.
Estive conversando com uma pessoa que me disse que

era uma pena que Conrad tivesse escrito em inglês, que tivesse privado a literatura polonesa de um grande romancista. Bem, mas o importante é que esses romances foram escritos, o fato de eles terem sido escritos em um idioma acessível, em lugar de um idioma secreto, é uma vantagem, não por desmerecer a literatura polonesa, é claro (*ri*). Até o século XVII, mais ou menos, tudo o que era importante era escrito em latim. Que estranho: Bacon escreveu em inglês, mas quando foi necessária uma edição latina de suas obras — porque ele queria divulgar suas ideias — ele suprimiu tudo aquilo que pudesse ser ofensivo a leitores, por exemplo, que fossem católicos, já que queria ganhar pessoas para sua causa, e não queria incomodá-las ou afastá-las de nenhuma forma. Então, o fato de usar uma língua universal o tornava, também, universal.

Depende do propósito, é claro. Mencionamos os vínculos, ou a falta de vínculos entre a imaginação literária e a imaginação teológica, mas, no caso de Gibbon, se manifestam a história e a literatura, ou seja, o nexo entre a história e a literatura.

Ou seja, entre o estudo dos documentos, que parece ter sido exaustivo — ele tinha a responsabilidade inerente de seu século — e a redação de tudo isso.

Justamente por isso o senhor disse que o livro dele é um populoso romance...

É que, de fato, a história é um romance. Bem, é uma história... em inglês *story* significa "conto" e é uma forma de *history* (história). Vem a ser a mesma coisa.

E o senhor conjectura o momento em que Gibbon chega a Roma, conhece Roma e, de alguma forma, nele se antecipa o que virá.

Sim, ele diz que concebeu a ideia de seu livro quando estava em Roma, e dá as circunstâncias precisas. Ele queria ser um historiador, e queria que sua obra fosse famosa e no começo pensou em uma história da Inglaterra. Depois pensou que essa história só poderia interessar à Inglaterra, e, como ele queria sair dessa ilha e chegar ao continente, e chegar ao mundo, tomou como tema, bem, esse passado comum de todos nós, que é o Império Romano, que é o passado de todas as nações da Europa, sem excluir a Inglaterra, é claro, já que a Britânia foi durante cinco séculos uma colônia romana, a mais setentrional do Império. E restaram os caminhos romanos, é curioso, e algo da muralha de Adriano, que era a fronteira setentrional do Império Romano, e que é o que agora divide a Inglaterra da Escócia. Kipling situou alguns contos nessa muralha, da qual quase não resta nada. Foi muito importante. Agora, Gibbon comenta o fato de que os romanos não conquistaram a Escócia, e diz que essa liberdade da Escócia se deve não somente ao valor dos escoceses, mas ao fato de os "senhores do mundo", os romanos, terem desdenhado a conquista de um país pobre e bárbaro, onde havia tribos de selvagens que perseguiam os cervos (*ri*).

Sempre pensei, sr. Borges, que a sua maior preocupação tem sido o tempo, mas quando o senhor fala do tempo, eu não acho que se refira ao tempo histórico... há uma frase sua que diz: "A realidade é sempre anacrônica".

Não, mas eu me referia ao fato de a realidade histórica estar baseada em teorias ou em sonhos de gerações anteriores. Por exemplo, digamos, Carlyle, Fichte... bem, imaginam algo sobre a raça germânica, e depois isso é usado por Hitler, mas muito depois; assim, também poderíamos dizer que a realidade é sempre póstuma. Mas não sei se isso pode ser aplicado sempre. E agora estamos vivendo, bem, a ideia de democracia é bastante antiga, não é? E politicamente estamos vivendo disso. Ou seja, de alguma maneira queremos nos parecer com o que sonhavam Jefferson e Walt Whitman (*ri*).

E Platão e Aristóteles.

E Platão e Aristóteles, retrocedendo mais, sim, embora eu não saiba se a democracia seria a mesma, eu acho que não, uma democracia com escravos como a deles...

Como a dos gregos.

Sim, um pouco diferente da nossa, mas a ideia é a mesma, e a palavra, é claro, também.

COLEÇÃO DE BOLSO HEDRA

1. *Iracema*, Alencar
2. *Don Juan*, Molière
3. *Contos indianos*, Mallarmé
4. *Auto da barca do Inferno*, Gil Vicente
5. *Poemas completos de Alberto Caeiro*, Pessoa
6. *Triunfos*, Petrarca
7. *A cidade e as serras*, Eça
8. *O retrato de Dorian Gray*, Wilde
9. *A história trágica do Doutor Fausto*, Marlowe
10. *Os sofrimentos do jovem Werther*, Goethe
11. *Dos novos sistemas na arte*, Maliévitch
12. *Mensagem*, Pessoa
13. *Metamorfoses*, Ovídio
14. *Micromegas e outros contos*, Voltaire
15. *O sobrinho de Rameau*, Diderot
16. *Carta sobre a tolerância*, Locke
17. *Discursos ímpios*, Sade
18. *O príncipe*, Maquiavel
19. *Dao De Jing*, Laozi
20. *O fim do ciúme e outros contos*, Proust
21. *Pequenos poemas em prosa*, Baudelaire
22. *Fé e saber*, Hegel
23. *Joana d'Arc*, Michelet
24. *Livro dos mandamentos: 248 preceitos positivos*, Maimônides
25. *O indivíduo, a sociedade e o Estado, e outros ensaios*, Emma Goldman
26. *Eu acuso!*, Zola | *O processo do capitão Dreyfus*, Rui Barbosa
27. *Apologia de Galileu*, Campanella
28. *Sobre verdade e mentira*, Nietzsche
29. *O princípio anarquista e outros ensaios*, Kropotkin
30. *Os sovietes traídos pelos bolcheviques*, Rocker
31. *Poemas*, Byron
32. *Sonetos*, Shakespeare
33. *A vida é sonho*, Calderón
34. *Escritos revolucionários*, Malatesta
35. *Sagas*, Strindberg
36. *O mundo ou tratado da luz*, Descartes
37. *O Ateneu*, Raul Pompeia
38. *Fábula de Polifemo e Galateia e outros poemas*, Góngora
39. *A vênus das peles*, Sacher-Masoch
40. *Escritos sobre arte*, Baudelaire
41. *Cântico dos cânticos*, [Salomão]
42. *Americanismo e fordismo*, Gramsci
43. *O princípio do Estado e outros ensaios*, Bakunin
44. *O gato preto e outros contos*, Poe
45. *História da província Santa Cruz*, Gandavo
46. *Balada dos enforcados e outros poemas*, Villon
47. *Sátiras, fábulas, aforismos e profecias*, Da Vinci
48. *O cego e outros contos*, D.H. Lawrence

49. *Rashômon e outros contos*, Akutagawa
50. *História da anarquia (vol. 1)*, Max Nettlau
51. *Imitação de Cristo*, Tomás de Kempis
52. *O casamento do Céu e do Inferno*, Blake
53. *Cartas a favor da escravidão*, Alencar
54. *Utopia Brasil*, Darcy Ribeiro
55. *Flossie, a Vênus de quinze anos*, [Swinburne]
56. *Teleny, ou o reverso da medalha*, [Wilde et al.]
57. *A filosofia na era trágica dos gregos*, Nietzsche
58. *No coração das trevas*, Conrad
59. *Viagem sentimental*, Sterne
60. *Arcana Cœlestia e Apocalipsis revelata*, Swedenborg
61. *Saga dos Völsungos*, Anônimo do séc. XIII
62. *Um anarquista e outros contos*, Conrad
63. *A monadologia e outros textos*, Leibniz
64. *Cultura estética e liberdade*, Schiller
65. *A pele do lobo e outras peças*, Artur Azevedo
66. *Poesia basca: das origens à Guerra Civil*
67. *Poesia catalã: das origens à Guerra Civil*
68. *Poesia espanhola: das origens à Guerra Civil*
69. *Poesia galega: das origens à Guerra Civil*
70. *O chamado de Cthulhu e outros contos*, H.P. Lovecraft
71. *O pequeno Zacarias, chamado Cinábrio*, E.T.A. Hoffmann
72. *Tratados da terra e gente do Brasil*, Fernão Cardim
73. *Entre camponeses*, Malatesta
74. *O Rabi de Bacherach*, Heine
75. *Bom Crioulo*, Adolfo Caminha
76. *Um gato indiscreto e outros contos*, Saki
77. *Viagem em volta do meu quarto*, Xavier de Maistre
78. *Hawthorne e seus musgos*, Melville
79. *A metamorfose*, Kafka
80. *Ode ao Vento Oeste e outros poemas*, Shelley
81. *Oração aos moços*, Rui Barbosa
82. *Feitiço de amor e outros contos*, Ludwig Tieck
83. *O corno de si próprio e outros contos*, Sade
84. *Investigação sobre o entendimento humano*, Hume
85. *Sobre os sonhos e outros diálogos*, Borges | Osvaldo Ferrari
86. *Sobre a filosofia e outros diálogos*, Borges | Osvaldo Ferrari
87. *Sobre a amizade e outros diálogos*, Borges | Osvaldo Ferrari
88. *A voz dos botequins e outros poemas*, Verlaine
89. *Gente de Hemsö*, Strindberg
90. *Senhorita Júlia e outras peças*, Strindberg
91. *Correspondência*, Goethe | Schiller
92. *Índice das coisas mais notáveis*, Vieira
93. *Tratado descritivo do Brasil em 1587*, Gabriel Soares de Sousa
94. *Poemas da cabana montanhesa*, Saigyō
95. *Autobiografia de uma pulga*, [Stanislas de Rhodes]
96. *A volta do parafuso*, Henry James
97. *Ode sobre a melancolia e outros poemas*, Keats
98. *Teatro de êxtase*, Pessoa
99. *Carmilla — A vampira de Karnstein*, Sheridan Le Fanu

100. *Pensamento político de Maquiavel*, Fichte
101. *Inferno*, Strindberg
102. *Contos clássicos de vampiro*, Byron, Stoker e outros
103. *O primeiro Hamlet*, Shakespeare
104. *Noites egípcias e outros contos*, Púchkin
105. *A carteira de meu tio*, Macedo
106. *O desertor*, Silva Alvarenga
107. *Jerusalém*, Blake
108. *As bacantes*, Eurípides
109. *Emília Galotti*, Lessing
110. *Contos húngaros*, Kosztolányi, Karinthy, Csáth e Krúdy
111. *A sombra de Innsmouth*, H.P. Lovecraft
112. *Viagem aos Estados Unidos*, Tocqueville
113. *Émile e Sophie ou os solitários*, Rousseau
114. *Manifesto comunista*, Marx e Engels
115. *A fábrica de robôs*, Karel Tchápek
116. *Sobre a filosofia e seu método — Parerga e paralipomena (v. II, t. I)*, Schopenhauer
117. *O novo Epicuro: as delícias do sexo*, Edward Sellon
118. *Revolução e liberdade: cartas de 1845 a 1875*, Bakunin
119. *Sobre a liberdade*, Mill
120. *A velha Izerguil e outros contos*, Górki
121. *Pequeno-burgueses*, Górki
122. *Um sussurro nas trevas*, H.P. Lovecraft
123. *Primeiro livro dos Amores*, Ovídio
124. *Educação e sociologia*, Durkheim
125. *Elixir do pajé — poemas de humor, sátira e escatologia*, Bernardo Guimarães
126. *A nostálgica e outros contos*, Papadiamántis
127. *Lisístrata*, Aristófanes
128. *A cruzada das crianças / Vidas imaginárias*, Marcel Schwob
129. *O livro de Monelle*, Marcel Schwob
130. *A última folha e outros contos*, O. Henry
131. *Romanceiro cigano*, Lorca
132. *Sobre o riso e a loucura*, [Hipócrates]
133. *Hino a Afrodite e outros poemas*, Safo de Lesbos
134. *Anarquia pela educação*, Élisée Reclus
135. *Ernestine ou o nascimento do amor*, Stendhal
136. *A cor que caiu do espaço*, H.P. Lovecraft
137. *Odisseia*, Homero
138. *História da anarquia (vol. 2)*, Max Nettlau

Edição _	Jorge Sallum, Iuri Pereira e Bruno Costa
Capa e projeto gráfico _	Júlio Dui e Renan Costa Lima
Imagem de capa _	Ferdinando Scianna/Magnum Photos/Latinstock
Programação em LaTeX _	Marcelo Freitas
Revisão _	Alexandre B. de Souza, Iuri Pereira e Mônica Mayrink
Assistência editorial _	Bruno Oliveira, Lila Zanetti e Thiago Lins
Colofão _	Adverte-se aos curiosos que se imprimiu esta obra em nossas oficinas em 8 de dezembro de 2011, em papel off-set 90 gramas, composta em tipologia Walbaum Monotype de corpo oito a treze e Courier de corpo sete, em GNU/Linux (Gentoo, Sabayon e Ubuntu), com os softwares livres LaTeX, DeTeX, vim, Evince, Pdftk, Aspell, svn e trac.